徐世澤著

文學叢刊之九十三

擁抱地球：五十八國名景掃描

文史哲出版社印行

擁抱地球的人（代序）

無名氏（卜寧）

世界上、最幸福的人之一種，恐怕要數富裕的獨行俠風格的旅遊者。早上，他可以擠進名揚四海的巴黎「花神」咖啡館（註一），喝杯咖啡，享受法國式的早餐。九點以後，他也可悠然出現在豪華的凡爾賽宮，沉醉於其絕艷如仙境的「鏡廊」。接著，又欣賞御花園的偉大草地，所以「偉大」，因為「大君王」路易十四，為了討情婦龐巴杜夫人歡心，一夜之間，竟在大草坪上，撒下許多噸白鹽，晨間好讓她觀賞夏天的皚皚雪景。當然，此君也會在皇宮的某一片大玻璃窗側，漫憶「大君王」在冰凍的玻璃上，用熱熱手指寫下二行字：「天下最不可測的，是女人的心。」於是，短短勾留一二小時後，他可以趕著乘電梯越過一六五二級階梯，升入二七四公尺高的巨大艾菲爾鐵塔的餐廳，把整個巴黎麗景當佐餐小菜，再加上豐富的正菜，饕餮一頓「天空午餐」。如果體力好，不午睡，下午他儘可去倫敦參觀白金漢宮的另一片華麗宮景。翌日上午，你也許會發現他正在瑞士旖旎的萊芒湖上乘白色三角帆船泛舟。下一天，如果是月夜，他或許會斜躺在水都威尼斯的「康多娜」上(註二),沉迷於古色古香的月光與水色。……………

這是歐洲美景的最浪漫的遊覽。

他若是炎黃後裔,想登黃山,它被康有為誇為世界第一山,他不需再爬三萬石級,躋天都峯、蓮花峯,北海和西海。只要一踏入現代化的纜車,就可抵風景奇妙處了。

這些全是快踏入二十一世紀的二十世紀人,饕餮風景時的方便,而陸海空交通正創造了這種方便。

但四百年前,中華民族最偉大的旅遊家徐霞客先生,卻不能享有我們現在的種種科學方便了。

單以他冬季遊黃山說,其艱苦就超出我們的想像。他說:「仰見群峰盤結,天都(指天都峯)獨巍然上挺。數里,雪愈深,其險處凍雪成冰,堅滑不容著趾。余獨前,持杖鑿冰,得一孔置前趾,再鑿一孔以移後趾,從行者俱循此法得度。……冉冉僧一群從天而下,俱合掌言,阻雪中已三月,今以覓糧勉到此,公等何由得上也?………」

試想想,每走一步,要在冰上鑿一洞,放下前足,再鑿一洞置後腳,這樣走法,艱辛不必說,到底要花多少時間,才能登上天都峯?蓮花峯?

再想想,我的老鄰居張天鋆兄(即最近報載在華府槍殺友人的張天心之弟),夫婦倆近來有好幾年，全在黃山峯巔——西海或北海度春節，悠哉游哉，如魚得水，其意態蕭閒，旅遊風格瀟洒，又不知超越徐霞客多少倍。

又想想，徐公雖遊歷許多名山，畢竟尚未涉足三峽。若由長江水道入蜀，他必經驗陸放翁所吟：「人來萬死一生地，路入千峰百嶂中。」三峽灘險，無慮千百，以新灘、崆岭灘、洩灘為最。舟子常說：「新灘洩灘不稱灘，品字石才是鬼門關。」因崆岭灘有品字石天險。陸游升天七百年後，入民國，有一年，一個月就因撞了品字石，而沉沒一百多艘船。直到抗戰期，才一一炸毀這三座險灘的招魂險石。一九五〇年後，更全部炸碎所有三峽險石，讓人們平安享受奇景達四十多年，直至近來將建水庫止。

不過，當年舟車交通如此困難，徐公全靠騎兩腿驢，登山越嶺，除新疆、西藏等偏遠地區外，他的足跡遍十八省，耗時三十餘載。一度甚至曾西行千里，擬探黃河之源，終於完成了空前巨作「徐霞客遊記」。由於這種種不平凡事跡，我們不能不尊他為中國最偉大的旅遊家。

我之所以耗這麼多筆墨談旅遊，談徐霞客，主旨其實是為了介紹台灣旅遊界一位奇人：徐世澤先生，和他的近作「擁抱地球——五十八國名景掃描。」

不僅是台灣，即使海峽兩岸的中國人，能環遊世界五十八國者，縱非絕無，亦屬罕見。而遊歷這麼多國家後，還能一一或詳或簡的記敘所見所聞，以及那些名景，則恐怕唯有世澤先生一人了。

我們不妨回憶一下。民國以來八十八年中，早期如梁任公的「歐遊心影錄」，後來的如王統照的「歐遊散記」，李健吾的「意大利遊簡」，小默（名劉思慕）的「歐遊漫憶」，朱自清的「倫敦雜記」，雖屬名家名筆，是高水平的遊記散文，而朱自清的「倫敦雜記」有一二篇，則編入中學語文教科書。徐志摩雖只寫了少數幾篇旅遊文字，那篇「我所知道的康橋」，一直選入中學語文教材，列為經典名著。他那篇「翡冷翠山中雜記」，也選入「中國新文學大系」的散文集，亦屬經典。然而，他們著墨處，也只限於歐洲少數幾國，離「擁抱地球」還差一大截哩！

最近我逛了台北幾家大書店，有關旅遊的書，也只限於介紹倫敦、巴黎、義大利、日本及美國幾處名景等等，書雖印得精緻華美，內容卻偏重導遊，簡敘風景點、古跡，以及食、宿、行等旅行細節，並無大塊文章詳述名景、名跡。相形之下，世澤先生這本「擁抱地球」，就相當突出了。我不妨略談此書的幾種特色。

其一，本書內容涉及五十八國，面積之廣，國家之多，名景名跡之繁，足為過去迄今的所有旅遊書之冠。

其二，本書重點詳介世界上最著名的勝跡、名景，亦為其他旅遊書未曾有。（專門記敘美國大峽谷的書，如梁丹丰女士的「大峽谷」屬例外。）試舉二例：一是作者臚敘法國凡爾賽宮，詳盡為我們所僅見。二是「紐約萬花筒」那一篇，報導紐約之周詳，幾令我瞠目。一九八五年我雖到過此一名城，因忙於演講，對不少名景名跡失之交臂。今讀斯篇，才真感紐約之偉大。

其三，世澤先生去過的風景點，有的是旅人很難去遊，甚至連各旅行社也極少安排。比如阿根廷最南端的火地島，接近南極洲，旅行社總經理抱著開拓業務的態度才前去，而世澤先生竟成為該社的開路先鋒。類似的事例，尚有挪威北角，觀午夜太陽，南美洲亞馬遜河流域的熱帶雨林區，訪問印第安人居所，並去過美國新墨西哥州的紅番保留區。世澤先生這種「篳路藍縷，以啓山林」的開拓精神，連旅行社總經理也為之感動。

若用最客觀的批評觀點來衡量，則「徐霞客遊記」載名山風景之詳盡，文字之細密而精簡，詞章之綺美而平實，二者俱為後代遊記文章難望項背。但「擁抱地球」能記五十八國名景名跡，面積之廣，卻又為其他中國遊記所不及。假如我們說：徐世澤這位幾乎「擁抱地球」的人，是徐霞客的今世傳薪者，這一褒詞，應為大家所默認吧！

【附註】

（註一）「花神」咖啡館，是當年存在主義大師沙特與友好及信徒，常常論學之處。現代畫大師畢卡索亦常聚友於此高談闊論，故名滿巴黎——甚至國際。

（註二）「康多娜」是威尼斯水城內的一種小船，遊人多藉此泛舟。

一九九九年八月

擁抱地球　目次

五十八國名景掃描

美艷如花的巴黎

藝術品琳瑯滿目，一片花團錦簇

人人都說巴黎是最美的城市。的確，我永遠忘不了一九九五年七月在巴黎的親身體驗。我告訴自己，好好觀賞這個奇妙的城市，總有一天我還想再來。就因為有這樣一個念頭，此次才拿起筆，敘述巴黎的三日遊。

七月二十日清晨，我由倫敦乘超特快的「歐洲之星」子彈列車（urostar T.G.V.）前往巴黎。在英國境內車速較慢，一穿過英吉利海峽隧道，進入法境，就加速了。中午抵達巴黎。

略進午餐後，乘專車前往歐洲文化標的最美的皇宮——凡爾賽宮，車程僅二十三公里。沿途兩旁都是濃蔭覆罩的行道樹，快到凡爾賽宮的一條寬闊的林蔭大道上，放射一種異樣的奪目光芒，令人心情開朗。抵達後，喜見凡爾賽宮的建築壯觀，規模宏偉，廣場寬闊，一片豪華的氣象。首先看到的是路易十四躍馬銅像。步行走近宮廷門口時，導遊急著前往取票，催促我們進宮（入場）。

路易十四於一六七〇年興建這座皇宮，目的是炫耀其壯麗豪華，威震歐洲，並使貴族屈服。當時他不只擁有歐洲最強大的軍力，法國文學也是空前的精緻、富饒高尚氣象，足以成為全歐的文化中心。

皇宮內的設施舉世無雙。首先走入宮殿的中央部分，長長的鏡廳，嵌滿了十七面拱形鏡子，面對落地窗，窗外是台階及花園。園內奇花異卉，樹影湖光，都反映鏡中，讓人有面對圖畫的感覺。鏡廳內，排列有二十四鍍金的枝形燭架，以及半身像和雕像等。天花板上的裝飾，紀錄著路易十四政治上與軍事上的成就。根據歷史記載，第一次世界大戰結束的凡爾賽和約，就是在這座豪華璀璨的鏡廳簽定的。

旋即走進國王翼樓，我們看到豐盛角大廳、維納斯廳、戴安娜廳、戰神廳、默克廳、阿波羅廳、戰爭展覽廳、和平展覽廳等，令我印象最深刻的是阿波羅廳內有一個銀色寶座（龍椅），天花板上畫著戰車上的阿波羅，拖著太陽橫越天空，將四大洲分列在四角：一、歐洲繪有一把銳劍，二、亞洲繪有一頭雄獅，三、非洲繪有一頭大象，四、美洲繪有一個帶著鱷魚的印第安少女。壁爐上方，有路易十四穿舞衣伸展雙腿的畫像，兩腳尖可隨著遊客的視線向左、向中或向右，這與蒙娜麗莎的微笑，有同樣的妙用。各廳內所有牆壁刻滿了雕像，加上天花板上的精巧彩繪，令人目不暇給。

再轉往皇后翼樓，首先看到的是皇后寢室。床邊設有隱秘的門，據說這是讓路易深夜進出的。國王早晨一定在皇后寢室內，而夜間有否來睡，就弄不清了，皇后也從未向人說明。接著是貴族聚會室、皇后的警衛室、加冕廳等，此一加冕廳是紀念拿破崙，大廳內紀錄了拿破崙，征服大部分歐洲的榮耀，牆上有一巨幅油畫，表現拿破崙是新復活的「羅馬」皇帝，其他還有幾幅拿破崙畫像，也可看出他更像路易十四了。

我們走出皇宮，步向花園，這是一座典型的法國庭園，景觀設計，頗具風格。從皇宮台階上，便可看到花園中央的大運河了。美國首都華盛頓國會大廈前的景觀，有一點像此園。園內有皇家車道、拉朵娜噴泉、阿波羅噴泉、柱廊、雕像、魚池、人工整理的地毯花壇等，沿著運河走一圈約五公里，半個小時可走完。在花園北邊，有一些建築及小村莊。由於時間匆促，未能前往一睹究竟。當晚我們吃了一頓豐富的法國餐，睡夢中還在凡爾賽宮花園哩！

翌日清晨，我們對花都的遊興異常高昂，只想多看風景點，對早餐就不講究了。上午七時上專車，被帶到巴黎最早的發源地——斯德島，領隊告訴我們，因牽就導遊，才作此安排。果然，車一停，操華語的女導遊就登車歡迎我們。我們參觀了巴黎聖母院高聳的尖塔，這是舉世聞名的哥德式大教堂，經常作電影的背景，一千四百年前便已建成，拿破崙的加冕禮曾在這裡舉行。聖母院以垂直向上的飛扶薄牆和尖塔，營造寬敞肅穆的空間。其玻璃玫瑰窗，彩繪聖經故事的藝術成就，至今仍受人讚美。左右兩側的南北塔，是「鐘樓怪人」電影故事的場景，上面掛著重達十三噸的大鐘，及五百公斤的鐘鎚，需要六十多人方推得動。每逢星期日或節慶，早上九時三刻及下午二時三刻，就會響徹雲霄，聲聞全巴黎市。

旋即趕往皇后大道附近的Batcaus-Mouches遊船碼頭，乘船暢遊穿越巴黎市區、蜿蜒如帶的塞納河。我們沿右岸前行，經皇后大道、博物館、音樂廳等，轉向左岸，經自由女神仿塑像、艾菲爾鐵塔、拿破崙墓、巴黎大學、高級法院等，再環繞斯德島和聖路易島轉回右岸，一共穿過十幾座橋。環河道路系統良好，可以行車，可以散步。咖啡座林立，河畔的景色都具特色。沿線看到堤岸上或橋下，有人穿著臺灣蘭嶼原住民的丁字褲，惟質料較好。不時見情侶在一起的浪漫情調，真教人看得入神。

上岸後，專車載我們到協和廣場，這是巴黎最大的廣場，中央高聳的，是由埃及路克索運來的方尖碑，四週環繞著噴水池、雕像等。還有一個斷頭台遺留的位置，於一七九三年一月十七日、路易十六在這裡受刑。切下來的頭，被高高舉起，好讓圍觀的人看清楚。接著我們就轉到羅浮宮。這座由皇宮改成的博物館，以收藏豐富的藝術品傲視全球。除了美不勝收的繪畫、雕刻、古文物外，羅浮宮的建築造型氣派恢宏，牆上的浮雕，柱上典雅的人像，以及一座由華人貝聿銘設計的金字塔等，全是精雕細琢傑作。

羅浮宮內的三寶，是我印象最深刻的三件曠世瑰寶，第一是義大利文藝復興時期的繪畫，達文西的蒙娜麗莎，著名的微笑吸引著遊客，我雖無法完全看到她的嘴角，可是她的眼睛和笑容總是跟隨我轉動，真是迷人，耐人尋味。這幅畫被嵌在牆壁之中。第二是希臘米羅的維納斯女神像，維納斯的重心放在一隻腳上，而另一隻腳輕輕地抬起，使她整個身體處於運動的狀態，所以她的姿勢是靜態與動態結合的產物，我特別圍著此雕像轉一圈，雖然她的手臂斷了，但仍然是那麼柔美。第三是希臘薩莫德拉斯的背後，張著兩翼的勝利女神，這個觸地站在船頭上的展翅婦女，由於衣服被風吹向後方，令人覺得輕巧。遺憾的是，沒頭沒手臂。但右手臂失而復得，放在一個玻璃櫃裡。我看完鎮宮三寶後，特吟詩曰：「麗莎微笑雙睛轉，維納斯姑露淑容；勝利女神飄衣裾，妙哉盡在羅浮宮。」羅浮宮近來在地下又挖出許多設施，裝修工程正在進行中，我們只是匆匆地走過。

出了羅浮宮，專車復經協和廣場，開向舉世聞名的香榭麗舍大道。大道兩邊是銀行、餐廳、電影院、百貨公司、航空公司等，建築豪華典雅，令人印象深刻。這條著名的散步大道的頂點，就在凱旋門。凱旋門是一八〇六年，拿破崙全盛時代所興建，作為君臨全歐洲的凱旋紀念。於一八三六年始完成，而拿破崙未能親睹，因其早已病逝。壁上描述拿破崙的戰功、戰史，還有五十八位遠征殉職軍官留下的芳名。當天有一排軍隊和五十多位退伍軍人，正在舉行追思的紀念儀式，我們就停留在附近欣賞人潮。

專車一停靠路邊，領隊即催我們上車，我們到了傷殘英雄館（原名傷兵之家）。這是路易十四於一六七一年下令興建的，以收容老殘的軍人。其建築十分特別，景觀壯麗，有一巨大的圓屋頂，頂上有尖塔，高度達一〇二公尺。下方原本是皇家教堂，現已改建為法國英雄公墓，拿破崙即葬於此。旁邊有一世界上最大的戰爭博物館，以及一座平面地形博物館等。由於停留時間太短，未能進館一遊。

車行一小段路程，就到了巴黎最負盛名的紀念建築，其特殊造型和結構，經常在電視上和廣告上出現，那就是巴黎的象徵地標——艾菲爾鐵塔。塔的周圍是一座整齊而廣闊的方形花園。此塔當初是因萬國（世界）博覽會而興建，塔高三二〇公尺，剛挺雄偉，俊逸凌空，而今成為最高的傳媒轉播站。塔中設有三個平台，三種景觀，遊客從底層仰觀鐵架直衝雲霄，或是由電梯上去，從頂端俯視巴黎市全景，頗有騰雲駕霧之勢，感覺到人世間真是美好。

隨後，專車開到龐畢度中心（又名龐畢度現代藝術博物館），建築物外觀有點像煉油廠，玻璃正面全靠暴露在外的鋼筋骨架支撐。水電配管及電扶梯都在室外，且塗上鮮艷的藍色、黃色和紅色，建築物一側有透明管狀升降機，這是一座反傳統建築。其內收藏了本世紀藝術家畢卡索、馬諦斯、康丁斯基、達利、米羅等人的繪畫，我只是走馬看花式的觀賞了一番。

中心旁邊有一小廣場，興建一個罕見的噴水池，池中有許多色彩鮮艷、造型奇妙的雕塑。有骷髏、嘴唇、心臟、乳房、象鼻、帽子、牛鬼蛇神等，非常有趣。廣場上有街頭藝人表演，有點像中國功夫，女遊客們特別欣賞。中心正前面豎立了一個橫額計秒器，這是倒數計秒的，每一秒鐘跳動一次，跳到一九九九年十二月三十一日午夜即歸零。我曾拍了一張照片，當時尚有一億四千三十二萬九千二百秒。晚上到紅磨坊看了一場歌舞表演，集聲、色、藝術及科技之美，穿著暴露，多數上空，動作劃一，全場轟動，其內容與美國拉斯維加斯賭場所見的相似。

巴黎之美是整齊、和諧的，最適合漫步欣賞，所以第三天上午的自由活動，我們信步遊走，觀賞街道上的設施，河畔的景物及浪漫的情調，真是令人畢生難忘。現僅舉其印象最深刻的兩項，略述如下：

一、香榭麗舍大道上的設施，最具有時代氣息，更是風情萬種。大道兩旁點綴風姿綽約的法國梧桐，令人忘卻夏日炎炎。散佈於大道上的都市傢俱：街燈、路牌、指標、書報亭、廣告架、垃圾桶、小噴泉、路邊座椅、公共廁所、公用電話亭等，既繼承巴黎的傳統風格，又充分表現現代都市的服務功能。其廣告架鮮明亮麗，可以同時變換幾種圖象，類似我們會議廳內的螢幕，令人留連忘返。其公共廁所係採用一八六〇年代，在巴黎出現的海報柱造型，也維持了其原有張貼海報的用途，但同時又巧妙的挖空柱體，做了一個現代化的廁所，滿足散步和逛街者急於「方便」的心情。於是它有三個服務功能：一、它仍保留了十九世紀的都市人造景觀。二、它仍能傳遞都市人們可共享的各種資訊，外牆上張貼各類印刷精美的廣告。三、它提供人們（尤其是老人）利用洗手間的方便。一舉三得，既古典又現代，既有裝飾性的風姿，又有實用的價值。公用電話亭也是如此設計，一個海報柱內裝設了兩具公用電話，對一個急需用電話的遊客來説，真是一項德政，這些街道傢俱，充滿了藝術的芬芳，還真耐人品賞哩！

二、塞納河孕育了巴黎豐富的人文內涵，河畔綿延無盡的人行步道，以及浪漫風情的咖啡座，一直令我嚮往。我們走到塞納河上最美的一座橋樑——亞歷山大三世橋，橋上的古燈雕刻，繁瑣綿密，活潑生動，橋頭金碧輝煌的雕像，引人入勝。為了隨俗，就在附近的露天咖啡座歇腳，鄰座有幾位金髮碧眼和棕髮褐眼的巴黎女郎，各有其風情，氣質優雅，俐落大方，穿著流行的款式，頭髮飛動的風采，言談機智，韻味十足，善於呈現其最美的一面，凸顯其社交才華。我不得不承認她們是一群美麗而有趣味的女人。我即席賦詩曰：「自由氣質綺羅身，聰慧大方韻味純；魅力風情多放任，笑談飛眼更迷人。」並又仿李白的詩句狂吟著：「雲想衣裳花想容，凱旋道上咖啡濃；若非今日巴黎見，嬌貴才情豈易逢。」這也是我遊巴黎時眼睛吃冰淇淋的最深刻的一幕。

巴黎是文化大國首都，三日之遊，所能看到的事物和風貌畢竟不多，我真誠的希望抽一週時間再來遊一次。下一次要以歷史的眼光和輕鬆的心情，漫步於市區每一條街巷，看些碧綠的庭院；搭乘地下鐵，觀賞精心設計的捷運站建築藝術；徜徉於公園的每一個角落，享受在樹叢裡的野趣；跟著巴黎人走環河兩岸的散步道，欣賞街頭藝人及美術館的展示品，感染優雅的藝術氣氛；坐在梧桐樹下露天咖啡座喝咖啡清談，浸潤於豐盈的文化藝術，學習過著怡然自得的生活態度與方式，因文化藝術才是人類綿延的精神養分啊！

有一部電影片名為「情定巴黎」，那我也算是情定巴黎的一份子了。照實說，我當時是抱著日後將再度造訪的依依心情，暫時離開的。

羅馬帝國古色古香縮影

「羅馬不是一天造成的。」西元前五十四年，凱撒大帝所創的羅馬帝國正是一片興盛（相當於我國西漢宣帝時代），距今却是兩千零五十年前的事了。相傳公元前五百年孔子在世時，即有羅馬國了。由於曾經讀過羅馬帝國興亡史，也聽說過「條條大路通羅馬」，自然想到義大利遊覽一番。

達文西的「最後晚餐」

一九九五年七月二十六日，我由瑞士琉森湖轉入義大利，首站是米蘭，第二晚抵達羅馬。米蘭是義大利北部的大都市，沿途我們參觀商店街及國王走廊。這條有四層樓高的街上，有許多商店、辦公室、酒吧和餐館，是世界上最古老和很優雅的商店街，地上鋪的彩石馬賽克瓷磚，走廊頂上全是透明玻璃，窗上還有名人的繪畫。

散步其中，覺得非常涼爽，三百年前即有此建築，令人嘖嘖稱奇。走過以大詩人命名的但丁街，即到了一座聖母堂，看到達文西的「最後的晚餐」，這幅畫長九公尺，寬四點五公尺，十三人的手勢和眼光表情，意味著耶穌將蒙難，藝術表現的神奇深刻，令人嘆為觀止。

二十七日上午離開米蘭，行行復行行，義大利北部的山色及農村風光，與瑞士境內差不多，甚感身心愉快。中午抵達大科學家伽利略的出生地、比薩的大教堂廣場，此地以斜塔聞名於世，縱使時至今日，亦為建築史上一大奇蹟。我所見的斜塔，四周以障礙物圍起，正在整修中。專家們在傾斜處的一邊安置一百公噸的鉛塊，以平衡建築物，並在地下層注水，防止地層繼續下陷。同時將塔的主體套上鋼纜，使塔不會再倒塌。附近有一座大教堂，須購票入內，因時間匆促，未能進去參觀藝術品，趕乘遊覽車南下前往羅馬。

殘忍的羅馬鬥獸場

深具歷史意義的羅馬舊市區，迴盪在街道的濃郁藝術氣息，漫步其中，頓感優雅輕柔，令人畢生難忘。首先有地下游泳場，地上已有建築物及廣場，仍可見到大片的水在流動，據說以前的王公大臣就在這裡游泳。接著參觀萬神殿，殿前有十六根十二點五公尺高的石柱，仿希臘神殿模樣，內部以圓形外加正方形穩住架構，是世界上最古老和最大的圓頂。而天眼般的天窗直徑九公尺，是唯一的採光處，營造出在幽暗中仰望神光的效果。內有七個神龕，現在已弄不清供奉的神祇。

沿途經過新古典風格的陣亡將士紀念堂，看起來已具現代建築模式。至西班牙廣場停車，我們見到三段、一百三十六上坡的大理石階。上面有人行走，也坐了一些人，從階梯下右側第一扇小門進去，是英國浪漫派詩人濟慈和雪萊紀念館，穿過幾條窄街小巷，走到許願泉，居中矗立的海神乘著由海怪牽引的貝殼狀馬車，上面有四尊女性小雕像代表四季女神。其壯觀的組合加上泉水湧出，許多人樂意背對水池投入銅幣許願後，又到聖母殿堂外左側旁的「真實之口」參觀。這座圓形人面張嘴的大理石浮雕，因有說謊者手伸進去，會被咬斷的傳聞，成為「羅馬假期」電影片中的一個場景。我們把手伸進去，又安全地拿出來，足見我們是誠信之人。

隨後到了圓形競技場（鬥獸場），這是羅馬城中最大的一座建築，共動用了四萬名工人，花了八年時間才完成。佔地兩萬平方公尺，可容納五萬餘觀眾。四層樓狀分五區，觀眾席以階梯環繞式逐層而上。場中的表演台是以木板覆蓋其上，現仍可見到放道具，和用籠子升起野獸的地下室，以及走獸的巷道。當時人和野獸鬥死於此的悲壯慘況，至今仍令人感嘆。附近有皇宮廢墟，及君士坦丁大帝的凱旋門。看過巴黎凱旋門的人，再看此門，就覺得較小。據說拿破崙因見過此門，才想到在巴黎建造另一個更大的門，以表示其功績勝於君士坦丁。

華麗教堂令人驚艷

不到梵諦岡聖彼得大教堂，等於沒有到過羅馬。我們走過協和路，直達教宗管轄區的聖彼得廣場，兩側柱廊的二百四十八根大柱，甚為壯觀。廣場中央有一座高二十五公尺巨大的埃及方尖石碑。再向前行，左側是聖彼得提鑰匙（打開天國之門）的塑像，及右側聖保羅執劍塑像。抬頭仰望半圓形屋樑上的一百四十二尊聖徒雕像，以及教宗向世人發表文告的中央露台和教宗寓所窗户。有許多耳熟能詳的設施，如今一見，更是神往。聖彼得大教堂，前後費時一百七十年才建成，雄偉壯麗，雕樑畫棟，充滿歷史的痕跡。遊客進入時，有管理員檢查服裝儀容，穿著太時髦或衣冠不整者，謝絕參觀。

大教堂的內部，空間寬廣，首先在右側看到米開蘭基羅的傑作「聖殤」，其畫面令人動容。接著看到聖彼得的銅像，其腳趾部分，因為信徒們太多的親吻，略有磨損跡象。我也入境隨俗，用左手撫摸其足，以示崇拜。大祭壇位於聖彼得之墓的正上方，圓形拱頂，直入雲霄。大廳內可容納上萬人聚會（彌撒），左壁及右壁分別安放兩位教宗的全屍靈台，以及許多位教宗的塑像。壁柱上還雕刻聖母、聖徒等，每尊雕像，栩栩如生，表情十足。整座教堂都是繪畫和建築藝術，煥發著色彩與人類的感情，儼然是一座大型博物館，只有親臨其境，才能體會到舉世無雙的顯赫境界。走出教堂向右轉，見到警衛穿著，米開蘭基羅親自設計的紅、黃、藍三色相間的鮮艷制服，煞是好看。

龐貝化石木乃伊

二十九日清晨，乘遊覽車沿太陽大道南下，高原老鎮，林野新村，一一出現在眼前。約九時許，參觀維蘇威火山於西元七十九年爆發時，所掩埋的龐貝古城廢墟。此城建在一個約五公尺高的小丘上，範圍甚大。現有一個簡陋的陳列館，陳設當時人民所用的器物。最珍貴的是化石木乃伊，坐著冥想或五體投地，均儼如真人，可判別年齡及性別。城內有廣場、劇場、商店、住宅、運動場、神殿、浴室和妓院等，道路是磚頭及石板鋪成。街巷仍很完整。此城埋在灰燼中一千三百年，直到公元十六世紀，因整理荒地才發現，而今成了義大利南部最著名的古蹟景點。其中某一大戶人家牆壁上掛了圖畫、鏡子，廚房後面有一密室，裡面有許多春宮圖，還有陽具塑像，據説是男主人與女傭偷情幽會之所。主屋前有天井，右側是後花園，當時已有水管及下水道等設施，一切勝於我國當時的東漢明帝、章帝時代，令人讚嘆。中午吃了一頓道地的義大利餐，有兩位西裝畢挺的老人為我們唱歌助興，任人賞錢，別具一番滋味。下午續往音樂之鄉蘇蓮多（Sorrento），途中見到一片汪洋的第勒安海，身心頓感舒暢。蘇蓮多氣候涼爽而寧靜，晚飯後成群結隊逛街，情景如臺北的萬華，可以買到廉價的貨品。

過了一個寧靜而溫馨的夜晚，一大早即乘遊艇，前往歐洲最富詩意的蜜月勝地——卡布里島，風景實在優美，藍天白雲，綠水悠悠，更添一份美麗的風采與恬靜。稍後，換乘小船環島行至夢幻般的藍洞。洞內水色晶瑩透澈，搖槳翻飛・若翠玉藍寶，十分迷人。我們有幸入洞觀賞，心情很激動，真是大開眼界，目睹了奇特的美景。（若遇風浪或無太陽，此景即觀不成）。後回原碼頭，上岸再乘坐纜椅，在滿佈果園的山坡徐徐上升，抵山頂後，更可俯瞰仙境似的小島全境。下午乘水翼船赴拿玻里（Napoli），轉乘遊覽車北上，返羅馬住宿。

花園古城翡冷翠

時間過得真快，踏入義大利境已一週。七月三十一日清晨，我們匆匆揮別羅馬，驅車直往文藝復興發源地佛羅倫斯（翡冷翠）。抵達前，先到米開蘭基羅廣場，俯瞰花都佛羅倫斯全景，簡直是一座花園古城。隨後乘原車至佛羅倫斯聖母百花教堂，上有巨型圓拱頂，建於十五世紀，是世界上奇跡建築之一。室內外有輝煌的花型鑲嵌畫及著名的青銅門。我們看到十個巧奪天工畫面組成的天堂之門雕刻，據說這是複製品，真門已收藏在教堂的博物館內。接著，在古街道上步行到市政廳（執政團）廣場，在石鋪的人行道上欣賞雕塑，如海神像、力士像、大衛像等藝術精品，古意盎然。廣場四周是造型樸素的老屋，看上去還很整潔。轉了幾條窄街小巷，我們參訪十四世紀作「神曲」的詩人但丁故居，窗外懸有一幅旗幟，路旁有但丁塑像，地上有一塊刻有詩人但丁芳名的石版。我們肅然起敬，藉表追思。經過正門時，發現內部光線很暗，像是一所藝術研究中心，有學生模樣的青年來來往往。總之，能夠把富有濃厚歷史風味的原址保存下來，而讓遊客憑弔，也是一種良好的教育典範。

水幻月光康多娜

平時在電視或照片上所看到的威尼斯，一下子湧進腦海裡，如今踏上這塊嚮往已久的水都，內心雀躍不已。這是一九九五年華盛頓郵報選出的「千年來最偉大的時與地（約西元一五〇〇年代）」。上午十時許，我們到了碼頭搭船，看到亞得里亞海，才覺得威尼斯水域之大，島嶼之多，遠超過未至前所想像的美，興奮得直想高呼。水上有百餘個島嶼，皆由架構精美的橋樑連接，也有靠遊艇及船舶運輸。一剎那，我們的船已靠岸了，首先參觀歐洲最浪漫的聖馬可廣場，群鴿乞食，爭相餵鴿子。接著朝拜號稱「金教堂」的聖馬可教堂，屋廊上的四匹金色銅馬最為醒目，彩飾四壁，氣氛華麗。

走回廣場，靠海的盡頭，有兩根十二世紀的圓柱，其上豎立了兩座雕像；有一座是長著翅膀的獅子，象徵威尼斯。旋後參觀總督府（道奇宮），由金鑲廊頂的樓梯走上去，內部金碧輝煌，宏偉壯觀，有極多的房間和會議室，大的可容納威尼斯所有的貴族。在這裡，又見到一幅著名的「天國」油畫，予我深刻難忘的印象。

和總督府毗鄰的是牢房（囚室），目前與牢房的地基已成水道，可以行舟。過去犯人在宮中審判定罪後，就由一座陸橋來到牢房，這座橋有小窗，是犯人最後一瞥自由陽光之處，故名「嘆息橋」。我們在這橋上來回走過兩次，真是暗無天日。在一間陳列室裡，看到一具鐵製的貞操器具枷鎖，前後各有一孔供排洩用，真是今古奇觀，大開眼界。隨後遊覽市區，店鋪內多陳售各種女性面具。轉過彎道，可參觀水晶玻璃工廠，並提供現場示範表演，工人在烈火中吹出一件器具，想買的人卻不多。

最精彩的一個節目，是乘黑色平底小船康多娜（Gondola）遊運河，一艘船上可坐五人，每三條船安排一名樂師及一名歌手演唱。穿過窄小而寂靜的水道，可見兩旁房屋後門的設施。一路上，歌手大唱「善變的女人」，聲音嘹亮，表情逼真，至今仍縈繞耳際。船行至大運河，三船並排停下，細品歷史停滯的痕跡，這時歌手唱，船伕也唱，大家唱，此三船，彼三船，此起彼落，真是熱鬧。而公共遊艇經過時，似乎聽到小船上美妙的歌聲，所以有人在遊艇上大鼓其掌。

由於擠不出時間來，未能盡興作麗都（Lido）島巡禮，參觀海明威最喜歡聚會的哈利酒吧，國際現代藝術展示館，威尼斯影展會場，以及薩拉宮等，只能隔海遙遙相望，隱約可見庭院深深的別墅型建築。

石洞內的蠑螈世界

八月二日上午，離開義大利，進入原屬南斯拉夫的斯洛凡尼亞（Slovenia），因簽證關係，我們的車停在南斯拉夫境內。到咖啡廳和商店休息約一個小時，才獲准通過。車走過很長的一段曠野，才見到房屋。十一時許，到了目的地（Postojnska Jama）即進午餐，隨後參觀新奇而神秘的鐘乳石洞。持票入洞後，即乘小火車穿過洞腹，只見鬼斧神工，千姿百態的鐘乳石，奇特的在軌道兩側，並聽到下面水聲潺潺，約半小時才到站下車。導遊分英語、法語兩組說明，我們是派在英語組，洞內鐘乳石狀似人、神、獸像，維妙維肖，一種透著神秘的美，令人對大自然的造化驚嘆不已。走到一平台，可見稀有動物——蠑螈十餘隻放在玻璃箱中，供人觀賞。隨後，乘小火車出洞前，見下面水池內有許多蠑螈，據說此蟲只在此洞才能活著，可以一個月不進食而能生存。五十多年前，希特勒曾將此蟲移至北歐培育，卻無法活下去。出洞後，都有不虛此行之感。這裡的水蜜桃價廉物美，我們離此到奧地利維也納停留兩天，再搭機返回臺北，帶回的水蜜桃，幾天後還鮮甜可口呢！

結語

因羅馬、龐貝、佛羅倫斯、威尼斯等地的名勝古蹟和藝術瑰寶甚多，義大利令人嚮往。而今身歷其境，才真正體會到羅馬、威尼斯的美，予人有意想不到的收穫與感動。義大利的歷史文物與建築藝術，呈現出兩千餘年前及羅馬帝國盛世的風貌，更可印證「羅馬不是一天造成的」。有人曾對羅馬頌讚：「所有你所知的美的事物，都在這裡！」也有人說：「威尼斯每年繼續下沉。」故在其未沉之前，趕早來遊一次，以讚嘆水都之美吧！

紐約萬花筒

過足了旅遊癮

紐約，這個引起全世界注目的大都市，主宰了美國經濟、金融、文化等各方面的發展，充分表現了正義、法治和自由。已吸引我前往三次了。一九九七年九月停留十五天，有更多的時間觀賞這個大千世界。紐約親友們每晚都有人和我促膝長談，白天則開車逛紐約市區或野外觀景。現在我將所見所聞略述如下：

一九九七年八月二十九日下午四時，由台北乘華航飛美，經阿拉斯加安格治機場過境，由於國際換日線的關係，當晚十時我們即抵紐約甘迺迪機場。在海關辦妥入境時，好友李孝曾兄、王嘉宗兄、夏菊玲姊等已微笑相迎，好不熱鬧。走出機場，頓覺秋高氣爽，心情舒暢。與友人直談到深夜，才從維士他大飯店側門進去，走入自己的房間，呼呼大睡。

三十日上午，我們到大飯店前門廣場，吃了一頓豐富的早餐，便開始逛世貿大廈。我們先找進出口，大概有五個門可通。組成整個世貿大廈的兩座一一〇層高的摩天大廈（又名雙塔大廈），兩棟廣場大廈，一棟美國海關大樓和一幢維士他大飯店。摩天大廈內的企業單位，約有一二〇〇家，工作人員約五萬人，人們真如流水般地走動。

這六座大廈以地下街相連接，內有地下鐵車站、銀行、餐廳、各類商店等。由樓梯上去，便是廣場。從廣場看，我們的大飯店是二十二層高，仰觀兩座一一〇層四二〇公尺高的摩天大廈，腦海裡有「危危欲墜」的錯覺。目前它們是紐約市的陸標，無論在哈德遜河的島上，或對岸紐澤西州，都看得很清楚。可惜未看到兩座大廈間，有人掛繩表演馬戲，或頂樓跳傘，或攀登外牆等活動。

走累了，時值中午，略進午餐，小睡片刻，即訪冬之花園，上有玻璃屋頂，園內種了好幾株棕櫚樹，還有露天劇場、座椅及燈光等設施。旋又轉到哈德遜河畔，河堤上有欄杆，裝設路燈，路很寬闊，可慢跑或騎車，月夜散步，一定有美麗的情調。

下午六時，在華埠（唐人街、中國城）金豐大酒樓進晚餐，室內中國風味很濃，中堂是龍鳳呈祥，兩壁都懸中國書畫，古色古香。有一幅對聯是「金玉華堂龍引鳳，豐肴美酒壽而康。」使我印象深刻。散席後，往南街夜市觀光碼頭，對於已經酒醉飯飽的人來說，露天咖啡座，購買物品等，雖別有一番情趣，卻無法消受。但河畔夜色很美，爬上三樓，看到左側布魯森橋上的燈景，起皺的河面，聽河水激盪，觀賞夜空明月，確是很迷人。

翌日起，一連十天，觀光紐約市各名勝，所到十餘處都能動人心弦。

㈠格林威治村，二次大戰後，它一度成為披頭族或嬉皮族的樂園，並有年輕藝術家在此作新的藝術嘗試。它也是同性戀的天堂，許多酒吧和店舖就是他們聚集的處所，成雙成對的相約出遊，呈現與眾不同的風貌。一九八四年十月，我曾來此看到許多奇形怪狀的男女，頭髮染成幾種顏色，面孔裝扮得像我國京劇中的小丑。這次只看到一些街頭藝術家而已。

㈡時代廣場的百老匯舞台劇，共有十個劇院，觀眾可容兩萬餘人。入場券須事先訂購，服裝須整齊。單是場內的高尚格調，優雅氣氛就值回票價了。若親身觀賞現場演出，憑添一種迥異的感受，可深刻體會藝術的樂趣。中場休息十五分鐘，不免細細回味劇情。上演歷久不衰的有「西貢小姐」、「歌場魅影」、「為你瘋狂」、「窈窕淑女」、「國王與我」等，票價每張美金三十餘元。

「西貢小姐」劇中有一位華籍歌劇明星王洛勇，我特選看，真是過癮。這位世界級的「中國製」巨星，他那種出神入化含有「中國功夫」的演技，實具閃電魅力，使全場一千七百多位觀眾如醉如痴，鼓掌叫好。我非常興奮，真的把手拍痛了。

㈢第五大道、把曼哈頓分為東、西區，和台北市的中山南、北路劃分情形相似。高級商店林立，氣勢優雅，可見紐約的商人想掏空遊客荷包的用心。光是看看櫥窗陳列品，就夠享受了。首屈一指的是第凡內珠寶店，更是馳名於世。

㈣大都會博物館、是人類知識創造的天堂，也是人類文化經驗的傳遞處。其建築跨越四條街，乃世界著名的大博物館。共分十九個部門：即美國館、古代美術（埃及區、希臘羅馬區、東洋區）、中古美術、歐洲雕刻及裝飾美術、歐畫及雕塑（十三至十八世紀）、里曼收藏館、原始美術（美國區、太平洋各島區、中南美區）、武器類、樂器類、新收藏品、回教美術、遠東美術（中國畫廊、日本畫廊、其它）、服飾研究館、素描版畫及攝影、十九世紀美術、二十世紀美術等，其佈置與展示張力，永遠保持著國際水準。置身其間，便感受時光倒現的神奇。

正面入口是在八十二街，上樓梯最先看見的即是雄偉壯觀的大廳。給我印象最深的是在荷蘭展覽室，看到林布蘭的畫，其「光的魔術師」真是神乎其技，不僅面部表情，甚至服裝、配件、道具、背景、指尖，都維妙維肖。還有一幅「沉思中的亞理斯多德與荷馬像」，在寧靜中充滿了戲劇性的想像，它描畫沉思中的亞里斯多德將手放在詩人荷馬的頭上，而他胸前的金鎖上還附有亞歷山大的令牌。這兩幅畫使我回憶在阿姆斯特丹所見名畫「夜警」，實有相同的感受。…………下電梯後，便是蘇州式中國庭園，繞庭園一周，可欣賞宋朝、元朝的中國畫、石碑、陶器及佛教雕刻等，再走出去，就是露天樓廳。

㈤自由女神島，我們到八十三號碼頭，排隊候船，街頭音樂家為我們演奏國歌，龍的傳人樂於掏腰包給賞錢，我們的倦容竟改為笑容。登船後，向自由女神像前進，回頭再看摩天大廈的高聳雄偉，真是大飽眼福。船逐漸接近島時，正面看到自由女神神采奕奕，氣吞河海，莊嚴地挺立島上，真是興奮。十二年前受湯啓光兄邀前往紐約，她正在大翻修，我未能親睹，這次終於如願以償。上岸後走到她腳下，舉頭瞻仰，右手高舉火炬，左手拿著獨立宣言書。神像及像座高六層，冠部有二十五個窗户，象徵皇冠上的二十五顆明珠，是世界上最具象徵性的雕刻，極富歷史意義和價值。

想走上去，從窗口遠眺紐約州和紐澤西州，便排隊進入，接受五人安全檢查，再按左列次序走上二樓，參觀博物館，展示物依年代陳列，由印第安的祖先開始，從生活用品、衣服、裝飾品到照片、圖畫等。我略觀一下，即趕緊搶時間走到碼頭。候船轉往艾利斯島時，想起百年前法國政府送給美國獨立紀念的自由女神像，目的只是作為美國爭取獨立建國的精神象徵，以及表現追求自由民主精神的真義。那裡想到今天成為吸引世界遊客的觀光勝地。

(六)艾利斯島，亦稱為「移民之島」。島上朱瓦翠綠的房屋和許多紀念碑，引人注目。其移民博物館，展示入國移民們的審查資料各種紀錄、照片、攜帶物品、辦手續情形等，約有一千五百萬人由此入境。遊客可依稀感到移民們，對美國充滿了希望和夢想。於一九五四年之前島上設的牢房（移民監），也是一個悲天感人的地方。不禁令我想起舊金山天使島的情景。一九九六年七月，紐澤西州爭取艾利斯島的管轄權，竟和紐約市對簿公堂。

(七)世貿大廈一〇七層的瞭望台，號稱「世界之窗」，走道寬敞，往外看到曼哈頓區的帝國大廈，確是很高，而其他的高樓似平房，俯視馬路上的車輛，真像小孩的玩具車，遙觀自由女神島只有雞蛋大，女神像有如蛋頭。在哈德遜河上航行的船隻小得像鳥籠。遠眺可見紐澤西州的紐華克機場，以及康乃狄克州等。因天氣良好，晴空萬里，一一〇層頂樓當天也開放瀏覽，使我們頓生「欲窮千里目，更上一層樓」的詩興，便扶梯拾級而上。樓頂聳入雲表，自覺是懸在空中，難怪有「風雨天禁止人上去」的規定，真會把人吹倒的。當時那種「人在頂樓紅日近，居高臨下內心驚」的情境，卻是驚險刺激，難以忘懷。我不禁吟詩曰：「世界之窗氣勢雄，登臨絕頂若懸空。人車走動如玩具，船艇航行似滑籠。俯瞰哈河環島繞，遙看公路幾州通。浮生到此超塵俗，紐約風光彩幻中。」

(八)遊船晚宴：我們登四十一街盡頭的八十一號碼頭，上「公主」號遊船，欣賞曼哈頓的夕陽及夜景。下午七時開船進晚餐，喝啤酒，聽歌觀舞，身心倍感舒暢。在船頭甲板上，見聳立的帝國大廈頂端如火箭，無數高樓大廈亦金光閃爍，哈德遜河畔則火樹銀花，自由女神的火炬燦爛晶瑩，華盛頓橋下有小紅燈塔，曼哈頓橋是輝煌燈飾，市區內燈若繁星，霓虹耀眼，這一切令人陶醉，樂而忘返。三小時很快就過去了，我們只好下船，返世貿大廈進入夢鄉。

(九)華埠，早期名唐人街，現在有人叫中國城。它擁有華特街（勿街）、貝亞街（擺也街）、沛爾街等九條街，人口約二萬餘人。據統計，紐約華人有七萬餘，華埠的人口持續增加，並已將勢力擴張到小義大利區和猶太人街了。餐廳近百家約佔商店的四分之一，廣式茶樓就有十多家。街兩側呈現堆積如山的水果、蔬菜和魚肉。有些店出售草蓆、功夫鞋。還有藥店、百花店、旅行社、葬儀社、補習班、速成班等。路旁也設有一些小吃攤。建築似已被歲月催老，街道很狹窄，行車不易，店門外人行走廊放一些出售的物品。擁擠的人群多是黃面孔，身在其中，還以為到了台北的萬華。街牌及商店招牌以華文為主，是這裡的特色，空氣中也飄著中國的味道。

區內出現大型牌樓一座，橫額寫「中國城」三字。孔子大廈旁有孔子塑像、容閎學校、華裔美軍忠烈坊、黃大仙廟（沛爾街中央）、佛光寺（在巷內的樓上）等，大部份都是西式屋宇。華埠所售物品較便宜，有些不加稅，水果也較新鮮。星期假日，各地華人多到這裡來購物，多數人是來吃中國菜。我這次在紐約到過成吉斯汗大飯店、金豐大酒樓、小蘇州餐館、如意餐館、誠記飯店等多家。

餐館裡，見過幾位老華僑，聽過許多有關華人移民來美的故事，令人感慨。諸如早期華人想入美國國境很難，有一位湯姆士・郭就曾在艾利斯島上渡過漫長的鐵窗歲月，所受的痛苦際遇，他至今仍能如數家珍，和盤托出。這是新移民們很難想像的。郭老先生送我一冊「埃崙詩集」（天使島移民血淚詩），其中有兩首詩很淒涼，現照抄如下：

「(1)傷我華僑留木屋，實因種界厄瀛台。摧殘尚說持人道，應悔當初冒險來！(2)林到美洲，逮到木樓。成為囚犯，來此一秋。美人不准，批撥回頭。消息報告，回國驚憂。國弱華人，嘆不自由。」讀後，深感天使島和艾利斯島拘留的華人，是慘遭相同的凌辱。

華埠有定期性的華文報刊及廣告傳單等，可從這裡面獲得許多資訊。時代在變，環境也在變，僑胞的心理傾向也在變。都希望二十一世紀是中國人的世紀。

(十)聯合國總部，在紐約東城中區，是一座耀眼的薄火柴盒狀大廈，包括四棟主要建築，三十九層高的秘書處大樓、會議大樓、圖書館和聯合國大會大廈，門口陳列一些雕像。我們進去參觀時，安全檢查很嚴。我印象最深的是美麗非凡的彩繪玻璃、波斯地毯，還看到一些展示物，描述戰爭與貧困的悲慘狀況。地下一樓的禮品中心，可以購免稅品和聯合國郵票等。我去紐約三次，每次都來此一遊，一九八四年十月曾看到它的外面，佈滿了拒馬、鐵絲網等路障，防止不滿某政要蒞臨的人們遊行示威哩！

(土)中央公園，綠樹濃蔭，空氣清新，面積約八四三英畝。公園內有動物園、湖泊、網球場、運動場、美術館、小劇院等等。娛樂休閒措施相當齊全，許多老年人喜歡待在這裡，一般人在閒適養神的散步，或在寬闊的大道上騎自行車蹓躂。美中不足的，有一二衣襪不整的人也在裡面亂跑。遊客們常有被竊被搶之虞。

(㈢)哈林區，我到過一二五街的東哈林區及中哈林區，房屋整齊、街道寬大，總顯得有點灰暗。我們的車子一直向前開，只見路旁有黑人在走動。十多年前黑人手持一塊毛巾，當遊客停車時，為你擦車索錢。這一次卻未見到。據說，紐約市已禁止此不當舉措。

我到過長島，看過住宅區的深宅大院林立，可惜無緣往蝗虫谷，一睹蔣夫人寄居的長島別墅風貌。如果遲至十七個月，以我的傻勁，一定會趁著別墅對外開放的時機，前往參觀一番。十多年前，我曾在紐約乘過地下鐵，車廂上胡亂塗鴉，這次搭乘時都是新車輛，用的是可擦拭油漆，頗有清新之感。以前我也坐過幾次計程車，公路長途車往首都華盛頓，往紐澤西州，都很安全。惟這次搭乘公車時，發現少數年輕人有不排隊搶先上車的惡習，真是令人大嘆今不如昔。

此次在紐約時間較長，從親友們談話中和公路上領悟到：美國雖沒有五千年的金字塔，三千年的萬里長城，一千三百年的婆羅佛屠塔，九百年的比薩斜塔，但卻有善加保護的上萬年的古生物文化。諸如西北部奧林匹克山脈中的雨林，便是一例。大峽谷、黃石公園，以及紐約大都會博物館的收藏，這在其他國家是看不到的。有兩天我從紐約往加拿大，其東北部幾條公路的景色，令我回憶十多年前，我所看到的紐約楓紅的奇美，那股震懾人心的自然色彩，比起歐洲的瑞士、奧地利來，可說是各有千秋。在這個人文薈萃的國際大都市——紐約，只停留兩週，便覺得充滿了生命的活力。白天人擠人，車連車，晚上帝國大廈的紅藍色燈光，及紅、白光條似的南北向街道，使我想起在飛機上看曼哈頓區夜景，真是滿地黃金珠寶哩！

華府風貌 · 氣象萬千

白宮 · 雙橡園速寫

華府是美國首都，政府事務首邑，原文名華盛頓特區，國人簡稱華府。一九八一和一九八五年我曾兩度遊覽，印象很深刻。一九九六年九月二日，我又由紐約乘專車赴華盛頓，是第三次華府遊，卻是難得一次的白宮與雙橡園之行。

九月三日清晨在專車上，導遊報告華府是由一位法國著名建築師設計，帶有凡爾賽宮的風貌與色彩。華府是一個最典型的政府所在地，公務員盡忠職守，為國家為人民服務。同時也是著名的觀光勝地，因為她擁有紀念碑、紀念堂與博物館等建築物，確立了華府的文化地位。華府人口約九十萬，居民五分之四是黑人，他們住在國會山莊後面的東南區與東北區。白宮是歷任美國總統（除了華盛頓之外）的官邸，同時也是美國政府的象徵與權力核心的代表。

持參議員推介函貴賓身分進入

上午九時半，我們三十人持某參議員的推介信，以貴賓身分由白宮東側門魚貫進入，經過七人安全檢查的關卡，隨身帶的照相機並未收集（規定遊客入口處收集，至出口處領回），一行排成單行直向前走。首先經過圖書室，內懸華盛頓總統畫像。再經過通廊，見懸有雷根夫人藍茜的全身著紅袍畫像，及兩個放置名貴瓷器的壁櫃。登上二樓後參觀東大廳，這是作為舞會、婚禮、餐後餘興、音樂會、追思會、頒獎、記者會和簽批法案等，所用之場所，可容納五、六十人。羅斯福總統任內，其小孩曾在此著輪式溜冰鞋溜冰。

接著看綠、藍、紅三廳。綠廳（Green Room）室內牆壁漆成綠色，窗簾、椅墊及用具亦多綠色。藍廳（Blue Room）室內地毯及椅墊是藍色白點，天花板是淺藍略帶紅色，牆壁漆成淡黃色。紅廳（Red Room）室內牆壁漆成紅色，椅墊亦是紅底繡花。這三廳是供總統與第一夫人接待貴賓之用，每廳均懸有人像和圖畫，以及壁爐、吊燈、檯燈等。再走過聯邦餐廳，看到總統款待外賓與高官用的十四人桌，但也可靈活運用，組合成四人桌、六人桌等，最多可容納一百四十人。彷彿還可以聽見這個餐廳裡有人以細不可聞的聲調，娓娓訴說在這裡進過餐的許多歷史名人。

上世紀英人攻入華府焚燒白宮

再右轉至十字大廳，看到一些著名的陳列品，這是總統和外賓經常合影之處。由北門（後門）走下台階，可見兩個小花園，綠草如茵，花木扶疏，令人心曠神怡。這時導遊提醒我們，還可以轉往白宮正門（南門）一瞥，這裡有一個大花園，噴水池四周有各色鮮花及碧綠草坪，也就是經常在電視上看到總統召開記者會對外宣布重要大事之處，非常整潔美觀。

白宮西邊房屋有中央大廳、黃卵形廳、條約室、總統餐室、西大廳、總統橢圓形辦公室、會議室、家庭餐室、西花園，以及著名的林肯臥房等，均對外不開放。雖然如此，我們已有一種「白宮平民化」的體認和感受。

我們在賓夕凡尼亞大道的公園邊上車。坐定後，導遊說：「白宮係於一七八九年開始設計，一七九三年藍圖，一八〇九年建成。其間也有一些變遷，英國人利用美國與加拿大的衝突，於一八一四年十一月二十六日夜攻入華府，焚燒白宮，把白色房屋一下子燒黑了，只好整修與擴建。一九二九年聖誕夜西側的房屋，也曾失火一次，還有室內的設施也偶爾更動。」我聽後，不禁想起這些要由研究歷史和室內設計的人來寫，才會寫得詳盡而入神。

參觀國會山莊瀏覽參眾兩院

車行數分鐘，即抵達國會山莊，這是華府最高的一片小丘，國會大廈建築其上，因而又稱為山莊。華府樓房最高的不過十層，所以在華府任何角落，首先映入眼簾的就是國會大廈寶塔型圓頂。這座建築物象徵著民主政治權威，來訪華府的遊客更願一親芳澤。國會大廈與紐約的自由女神一樣，已成為美國最著名的歷史紀念建築物，在風格上採古典文藝復興時代式樣。導遊帶領我們到大廈的正廳，解釋壁畫上的美國歷史，參觀參眾兩院的會客廳，有人打趣地說：「兩院的議員意見不同時，可來會客廳協商解決。」

國會大廈左右兩側，分為參議院與眾議院的議事廳，適逢休假，無緣看到他們開會的情形。場地雖不甚大，但很莊嚴。一般人需要參議員或眾議員同意，才能獲得一張免費參觀證進入議事廳，我們只有從電視上看到片段的情景了。在正廳左側陳列許多美國歷史名人的石像，及華府主要建築物模型等。在眾多的石像中，有兩位醫藥界頂尖人物：

第一位是在左側的中間，約翰・考瑞（John Corrie）醫學博士，乃發明電冰箱者之一。第二位是在樓下出口處，克勞佛・郎（Crawford W. Long）醫學博士，發現硫酸醚可作外科手術麻醉之用。我們順便在售紀念品處買些紀念品，即走出大廈了。

方便女遊客洗手間比例人性化

站在國會大廈前方，可清楚地看到華盛頓紀念碑，恍惚矗立在雲端。其間是大片空曠的草地樹木，視野非常開闊，一片清爽潔淨，統稱為廣場，給人一種整體的美感。只見廣場上的遊人如織，井然有序，深感華府的風貌和氣勢非凡，與他國的首都迥然不同。

時過中午，專車開到中國城，飯菜雖簡單，但遊覽的心情卻是滿富足的。午餐後即再登車前往航太博物館。導遊說，華府的七大博物館都是免費的，是由一個財團法人史密斯松協會管理，雖然免費，但都整潔雅緻，美觀大方，受到遊客們的喜愛和好評。航太博物館與我國抗日戰爭有點關係，它的二樓牆壁上佈置一張「飛虎隊與陳納德將軍畫像，以及我國國旗及讚詞等文物圖片」等，我突然眼睛一亮，興緻盎然。我在十一年前曾來此參觀過，當時洗手間附有華文，這次只看到一樓售紀念品處有一行夾著漢字的日文。洗手間的比例很人性化，是男一與女三並列。這在其他國家（包括歐、非、澳、亞、南美各洲）公共場所從未見過的，對於女遊客來說，節省了排隊候廁的時間。

航太館看人類征服太空的紀錄

航太博物館主要展示著飛機、太空艙與人類征服太空的文獻紀錄。有一小塊月球岩石嵌在鋼板上，旁邊有管理員監視著，可讓遊客走近摸一摸。還有一個太空艙，遊客可以進去瞧一瞧其中的設施，我當然不會錯過良機，所見的和電視上相同。因距離上車的時間還有二十分鐘，便穿過獨立大道和憲法大道，走向對面的美術館。站在廣場上，向遠處看，一邊是雄偉的圓頂國會大廈，一邊是高聳入雲的華盛頓紀念碑，襯著藍天白雲，綠樹草坪，覺得它們的建築造形格外壯麗，令人賞心悦目。到了美術館，只見大廳空曠，各展覽廳所陳列的文物及雕塑也很寬鬆。但規定須保持一呎距離觀賞，不得觸摸。

顧維均大使任內購買了雙橡園

下午三時許上車，開往西北區訪問國人皆知的雙橡園，接待人員隨車報告：「雙橡園建於一八八八年，佔地十九英畝半，是一幢喬治復興時代式的建築，共擁有二十六個房間。一百年前建造時是用為夏日別墅，花木繁茂，涼爽宜人。因屋後有兩棵橡樹於後門左右相對，高聳並列，乃取名為雙橡園。此園主人是一位富豪律師赫巴德先生，當時以三萬美元建造的。死後所屬財產分歸於兩個女兒，其女婿之一即是鼎鼎大名電話發明人貝爾。一九三七年，我駐美大使王正廷向她們租下此園為官邸。」

他又說：「直至一九四七年顧維鈞大使任內，才以四十五萬美元購置，自此成為歷任駐美大使的官舍。五十九年來，在雙橡園舉行的大小盛會，甚受華府外交界的讚譽，應邀的中外人士皆以參與為榮，並留下美好而溫馨的回憶，因此雙橡園成了華府地區的名勝之一。一九七九年冬，右外側的一棵橡樹突然枯萎，這正處於一個哀愁時期，橡樹也有靈性的。當即以園內現成的小橡樹移植，看上去是一老一少了。一九八三年錢復代表伉儷積極加以整修，一方面仍維持它的古雅外觀，一方面增添室內傢具並裝潢佈置，此一百零八年歷史的名園，終於重現其高尚華貴、雅潔大方的風貌，而成為維繫兩國傳統友誼，促進雙方文經交流的橋樑。目前仍多用於慈善活動與社交宴會。歡迎各位光臨指導！」

駐美代表胡志強夫人茶會歡迎

我們在下午四時之前抵達，進口處有一刻「雙橡園及門牌號碼」的紅色石柱，由於道路寬闊，我們悠閒自在地走進去，首先在屋後門見到兩棵橡樹的所在，一轉眼又看到旗桿，一群的梅花及成林的橡樹。沿路前行轉往正門，看見門前嵌有國徽的花坪。當年駐美代表胡志強夫人準時駕臨，我們從正門魚貫而入。

茶會上，胡夫人致歡迎詞，語多激昂。我們一邊用茶點，一邊參觀室內陳列文物，見到歷任九位大使上下交叉分列的玉照，嵌在同一樑柱上，我深深地浸入歷史沉思之中。此刻王正廷、胡適、顧維鈞、蔣廷黻、葉公超諸先生浮現眼前，是那麼熟悉。室內懸掛的字畫，多出自名家之手，另還陳列些古色古香的桌椅等。畫中有兩幅氣象開合，其勢磅礴的山水畫，足以表現我國的山川壯麗。有一對聯是：「雙橡園名傳史統，中華文物萃群英。」陳定山先生時年八十八，仍能手腦並用寫此佳聯，對我們具有多重的啓示：便想起雙橡園的景觀設計，以及所扮演的歷史意義，是不容抹殺的。我們此行狀極愉快，乃人生一大幸事，但臉上總免不了帶一點淡淡的哀愁。

乘電梯直達華盛頓紀念碑頂端

下午五時專車趕往參觀幾位總統的紀念碑堂，途經華盛頓紀念碑時，碑基四周豎滿了美國國旗。導遊說：「華盛頓紀念碑也有人稱為紀念塔。此碑白大理石外牆，整潔美觀，高度為一六九公尺，要爬八九八階的樓梯，方能上頂端的觀景樓，極目遠眺，華府以及近郊的風景盡收眼底。現在可以乘電梯直達頂端，不必爬了。」

他又說：「碑石是世界各國贈送的，當時是清朝的我國也送了兩方，一是寧波知府送的，一是福建商人送的。」這時同車的費筱宗兄舉手大聲說：他三十年前爬過，曾看到寧波知府所送的一方石上，寫著「華盛頓乃異人也」等字樣。十一年前，杜葆真姊曾帶我乘電梯上觀景樓，未能親睹中國兩方石，現在想再爬那麼高的階梯也不可能了。因為怕排長龍，我們只經過碑旁，而開到傑佛遜紀念堂。前面有個湖很秀麗，隔湖可見華盛頓紀念碑。沿著湖邊，有寬闊的步道及公園，湖中有人駕著小船垂釣。這時所見的華盛頓紀念碑姿韻不凡，極具氣勢，特以其為遠景攝影留念，想不到沖洗出來，在湖中還有倒影，真令我喜出望外。傑佛遜紀念堂是一座圓頂、圓形建築，堂內有高過真人的立像，栩栩如生。牆上刻有摘自傑佛遜文稿中的名言佳句。

林肯紀念堂越戰韓戰紀念牆

十分鐘後，我們又趕緊上車轉往林肯紀念堂。堂內有林肯坐像，牆上銘刻其在蓋茲堡的演講詞，以及連任總統就職演說的全文。還陳列有名家的林肯雕像作品。走下台階後，向左側走一段路，即是越戰紀念牆，一截大理石牆上，刻有五萬八千位在越戰中陣亡或失蹤的美軍姓名，以二十六個字母，便把這麼多人的名字嵌入這盡是血腥的歷史。此牆是由一位當時在俄亥俄州大學就讀的中國女學生設計的，我也引以為榮。再轉向林肯紀念堂的右側前方，是為韓戰紀念牆，許多軍人在農田裡行進。二者均是簡單的造型，一望而知戰爭的殘酷及恐怖。

九月四日上午八時，乘專車到美國聯邦造幣廠撿些「舊鈔」，我們進入廠房時，先通過安全檢查關卡，在行進中看到左側看板陳列著貨幣史料，第一個是追溯到我國唐朝成立的一年（公元六一八年）所發行的貨幣，算是世界上最早的。遊客站著觀賞造幣過程和燒燬舊鈔的紀錄片，然後隨著接待人員上樓，走一條特定的狹長通廊往樓下看。從切紙開始，每張紙印出許多一元，接著印正面、反面、套綠色，然後切開成一張一張的一元，再將一元疊成一大堆，看得很過癮。走下樓梯即是售紀念品處，我們買了幾可亂真的一百元書簽，及用一百元捲起來的原子筆等等，而不是真的撿到舊鈔。走出大門後，就近找了一家餐館填飽肚子。

到聯邦造幣廠撿舊鈔後回紐約

午後上車由華府開回紐約途中，我便回想十一年前還看過的：(1)長木花園，這是由杜邦家族斥鉅資精心策劃而成立的，百花齊放，彩色繽紛，至今仍列為華府著名的景點。(2)自然歷史博物館所展示的項目，包括恐龍、各式各樣的礦物、美國印第安文物、海洋生物等，讓人們知道什麼是自然的歷史。總之，華府的博物館都很寬廣，沒有壓迫感，也不會因過於擁擠而看不清楚的現象。(3)那次，杜葆真姊及其公子邀我在波多馬克河畔，私人遊艇停泊碼頭的一家海鮮餐廳進餐，可見窗外各形各狀的遊艇，有大有小，頗添一些情趣。思前想後，不知不覺的竟然打瞌睡了。車抵太陽城才清醒。

直至今天，我對暢遊白宮與雙橡園的印象，非常深刻，仍覺得是一番難忘的享受哩！

雙橡園大門口

大峽谷空前絕後

二十億年前地質現場景

美國亞利山那州西北部高原地帶，有名滿全球的大峽谷，全長三百五十公里，寬三十公里，深一千六百公尺。柯羅拉多河水由西向東流，不斷切割大地，便創造了大峽谷傑作。它有二十億年歷史，一度曾是淺海底。直至一五四〇年，方發現這一道蜿蜒壯闊的峽谷，一九一九年，便正式成為美國國家公園。最聞名遐邇的，是公園核心部分，約九十公里長。

大峽谷略分南緣、北緣和內峽谷。南緣地勢較低，有茂密森林，一年四季，均可觀光。許多遊大峽谷的人，全到「明朗天使」小徑上觀賞自然美景。此徑長十一公里，上下落差一千五百公尺，小徑闢得很寬，腳力差的人，可租騾子代步。北緣比南緣約高一千公尺，景物變化較南緣多。北緣下雪早，也多，到了十月，積雪盈尺，一片寂靜，即停止遊覽活動。翌年五月才再開放。這時，谷地到處可見仙人掌花，嬌艷欲滴，其他百花也開遍整個山谷。沿南緣、北緣徒步，或騎騾遊內峽谷底沙漠，更令人覺得大自然的奧妙。地層變化萬千，真是鬼斧神工。若沿南緣開車遊覽，也需要一週，故要分幾次才能遊完。我去過此谷兩次，將所見所聞略述如下：

第一次是在一九八二年春天，見谷地一片金黃的小花，隨風搖遍山野。在南緣「明朗天使」小徑上，只見大峽谷氣勢雄偉，岩壁陡峭。南、北緣露出灰黃色、綠色、粉紅色、褐色、紫色等，無數地層均色彩繽紛。在最上部，還可瀏覽黑色溶岩、火山灰丘等等。而峽谷中呈現尖峰、台地、頁岩等複雜地形，並有紅石成林，千奇百怪。有的像千層糕，有的像馬頭石，還有像亭台樓閣、艦艇船舶、塔林城堡，和各種人物、動物等等。夕陽返照，紅石會變成不同的顏色，多彩多姿，遊客們大飽眼福。

遊客若要在河上泛舟，可徒步或乘巴士到西側上游的「李氏渡頭」河邊租船，從峽谷底部向上面邊緣觀察，可看見這地區大約在二十億年前到二億年以前的地質歷史，地質學家們從這些地層中，會發現三葉虫、恐龍、駱駝、大象等很多化石，陽光照在地層上的色彩變化，以及在兩岸直立的「紅牆」上看岩洞、瀑布、彩虹等奇景，真是蔚然大觀。

第二次是一九八四年十月，見到谷地黃花綠葉，白楊紅石，構成峽谷季節不同的風格。其他所見與第一次略同。事隔十餘年，想起大峽谷的偉大自然景觀，仍感興奮。

黃石公園曠野風味

黃石公園位於美西洛磯山區，懷俄明州西北邊境，與蒙他拿州和愛德荷州成三角地帶。全境大都為二千公尺的高原。有山巒、石林、沖蝕熔岩流等地質奇觀。園區大部為林木覆蓋，有野生動物、植物，和鳥類棲息其間。公園的景點都分布在環形公路的兩側，有五個入口處，內有巴士可搭乘，往遊甚為方便。

公園內有間歇泉一萬餘處，分布山谷中。許多噴水高度，超過五十公尺以上。最著名的老忠實泉，很有規律的，每隔六十分鐘左右噴出一次。起初只見泉眼冒出煙霧，接著噴出水柱四十至六十公尺高，前後約二十分鐘，始煙消雲散。它背倚青山，前面是一半圓形廣場，放置許多木板凳，供遊客坐觀賞。其它間歇泉，有的比老忠實泉噴出水柱還高，只是無法預測時間。

黃石瀑布與峽谷瀑布在北面黃石峽谷區，分上瀑布、下瀑布兩層，約一〇九公尺高。如萬馬奔騰般，直落谷底。此處四周均為風化的赤黃色岩壁，如西洋油畫。氣勢宏偉，甚為壯麗。繼續向北走，是古老火山高原區，見到由白變黑的熔岩，以及五彩繽紛的溫泉，著名的有巨象溫泉等，它從梯田的熔岩流出，在陽光照射下，特別璀璨耀目。此處還可看見鐘乳石等美景，有木板做的人行步道環繞地熱區，以策安全。這個巧妙天成的景點奇大，由森林、峽谷、瀑布、地熱、草原、湖水等所組成，頗具原始曠野風味，真值得品嚐一番！

瑞典福利天堂誌

——她多少有點像「大同世界」

瑞典是全世界實施福利最突出的國家。她能最澈底、最廣泛的進行社會改革，完全實現男女平權，消除社會族群的優勢或劣勢現象。有人形容瑞典是實行人道資本主義，有人誇讚她將資本主義和社會主義二者的優點相融合，並改進二者缺點。現在，連美國也在研究「瑞典成功的經驗」，俄國也派員實地參訪並擷取瑞典經驗。

瑞典實行完善的公平就業和福利措施，貧富差距不斷縮小，今天已成為全世界最具組織化的國家之一。她的人口祇有八百萬，但全民自認都屬於中產階級。有識之士頗想轉變，使她變得更具競爭力，經濟體制則以市場為導向，從而使國家更富強。

一九九七年七月，我在瑞典停留五天，現將所見所聞所感略述如下：

我從挪威乘旅遊車，直達瑞典首都斯德哥爾摩（Stockholm當地人發音「斯托空」）。

一入瑞境，只見林木遍野，綠草如茵，平原、小丘、湖泊等無不紛呈美景，而且極富大自然的浩渺氣勢。森林中時顯一片空隙，是因木材砍伐，又補種一、二公尺高的樹苗，這與台灣棲蘭山區補種苗相同，是實行保林政策。小河則木排順流而下，兩岸多木廠，木材堆積如山。農村屋頂皆紅瓦，相映綠野成趣。窗前户外，多植花草，極整潔雅致，令人嚮往。

當晚下榻斯德哥爾摩郊外一旅社，略進晚餐，即入房。窗帘有兩層，外層極厚，像毛毯。因夏季陽光時間長，如帘幕不厚，終夜不能安眠。

翌晨專車抵首都，位於波羅的海及一內湖之間，一邊海水，一邊淡水。水面散布成千小島嶼，風景秀麗。我們去市政廳，面對峽灣，草坪寬廣，外貌莊嚴。有噴泉、石像、巨大石柱等。入門後，走一寬闊石階而到藍廳。其實四壁並非藍色，是暗紅色，頂高數丈，可容一千五百人。因窗户過高，陽光不易射入，有點昏暗感覺。凡有國家大典，多在此處舉行。此時燈飾鮮花，點綴輝煌，樂隊伴奏，儼然是一種新氣象。藍廳旁邊有一長而大的雲石階梯，直通二層樓上的金廳，比藍廳堂皇多了。四壁盡鑲鍍金箔的馬賽克瓷磚，壁燈富麗，光可鑑人。廳中央有一巨大女神像。每年諾貝爾獎頒獎典禮，即在此舉行。瑞典國王親自主持。典禮之後，接著御宴。宴畢，各攜舞伴沿石階而下藍廳，在

巴黎凡爾賽宮

巴黎艾菲爾鐵塔

巴黎羅浮宮

巴黎羅浮宮的維納斯女神像

比薩斜塔

威尼斯康多娜遊海

羅馬鬥獸場

羅馬聖彼得大教堂

ANNO DOMINI MDCCXXXV PONTIF VI
PERFECIT BENEDICTVS XIV PON MAX

羅馬許願泉

紐約自由女神像

紐約中國城

華盛頓紀念碑

白宮貴賓餐廳

白宮總統會客室

美國黃石公園

美國大峽谷

瑞典北部滑雪場

伊瓜蘇大瀑布

伊瓜蘇大瀑布

尼加拉大瀑布

阿拉斯加冰河崩裂奇景

波蘭奧斯威辛集中營

波蘭奧斯威辛集中營雕塑

波蘭奧斯威辛集中營

波蘭奧斯威辛集中營絞刑台

國家大樂隊伴奏下，翩舞者其樂融融。中央研究院李遠哲院長、朱棣文院士得諾貝爾獎時曾涖此。據說朱的座位在最前面，坐在瑞典公主旁邊。

按路線，我們到一五〇公尺的塔樓，一級一級的，徒步爬上去。從觀景平台窗户可見大湖、船舶、古老建築物的紅牆與新式建築的白色及玻璃帷幕，處處都有樹林和草地。

第三日，參觀一座奇特大建築——瓦薩（Wasa）博物館，館內置一六二八年下水的瓦薩戰艦，有七百件雕刻藝術品，將戰艦裝飾得華麗堂皇，船身與船尾均裝以金葉片，巨炮則由銅製成。不幸此艦作處女航時，艦上巨炮門打開，準備發射向王室致敬禮炮時，一陣突然襲來的強風掃過，海水從炮門湧進船艙，再加上那座橡木製的炮門，重達一、三〇〇噸，戰艦立刻傾斜，不久就沉入海底。一九五九年開始打撈，一九六一年浮出水面。船內所有設備、用具，甚至官兵的屍首，仍能保存。數以千計的零件，均依順序編號陳列，供人閱覽。戰艦已經拼湊修復，一如往昔的壯麗風采。

入船塢後，經環繞的幾層走廊，逐層登上，巨艦放在中央，四周圍以鐵管。船身甚為完整，桅已不在，龍骨在中央，炮艙仍完好。炮孔大小數十個，可知當時火力裝置極為雄厚。參觀此一巨艦，我們多少可瞭然十七世紀歐洲海軍實力。

下午欣賞世界最長的畫廊——地下鐵。月台全部穿上繪畫的彩衣，別具風格。地下鐵升降機有一百公尺，傾斜達四十五度，太陡，我似有「下地獄」錯覺，心裡總是怕怕的。下梯後，在月台上，看到滿壁充滿繪畫色彩，畫上形狀全有藝術感。車行後，沿鐵道的牆，出現青翠林園、花卉、幾何圖案等等，由於照明設備好，更增強畫面藝術效果，引人入勝。在蘇爾納中央站（Solna Centrum），我停留較久，迷戀的欣賞鐵道後面的綠色山丘和樹林，背景全是紅色和太陽光，有一位樂手在彈奏手風琴，另有人在河邊洗物，還有一些房屋、動物，非常有趣，令人起無限遐思。

第四日，遊斯德哥爾摩周圍羅列的小島嶼，或說數千，或說兩萬，反正是多極了。首站抵著名的女王島，島上有王宮，類似凡爾賽宮建築，惟規模較小。一眼望去，滿目皆綠意。花園有噴泉、雕塑、花坪等。遠眺前方，島與島之間，有船隻來往。我們乘遊艇，環行幾座島，所見都是紅瓦建築，襯以綠樹，多是有錢人的別墅。

約略看過重要的景點，第五日乘專車往瑞典南部馬爾默（Malmo），鄰近地區有老人安養院、年金住宅、育幼院、托兒所、居家照顧，及培訓社會工作人才的學校等。雖然走馬看花，卻可領悟到瑞典人務實的態度。他們保障女權、照顧弱小、維護老殘的尊嚴和需求等等，全做得很成功。五天來，從友人們口中，我獲知更多的資訊如下：

北歐的社會政策由來已久，已成為各階層民眾的妥協式的共識，因而才有今日規模的制度。任何有意掌權的政治人物，都不敢輕易加以更動。所以，二次大戰後的瑞典人民，一直過著優裕的生活。

食的方面，瑞典人的飲食材料，大部分取自天然資源，如香菇、草莓、野生動物肉，及喜吃的魚和海鮮。這是從上千湖泊、河川和海洋取材。星期天，大飯店常供應一種自助大餐，及精美招牌菜，豐富而實惠。在怡靜的湖畔，許多人作安閒的野餐。夏季，中國餐廳裡，晚八、九點還有人在陽光下進餐。酒類比較昂貴，很少有豪飲的。

衣的方面：不論白領、藍領、婦女、老人、兒童，衣履都很整潔，清新脱俗，很難發現有階級差異和收入差距。更沒有看到衣衫襤褸的人。

住的方面：大部分家庭，向當地政府或住宅協會租房子。通常四周都有花園、綠化空間和遊樂場地。各項設備俱全，連腳踏車、洗衣機、烘乾機都供應。當然，人人都想擁有自己房子。有些人有鄉村別墅，依山傍水，或是木造小房子，漆上紅色，門窗四周綴以白色，非常整潔美觀。

行的方面：有便捷的鐵路，有寬大的人行道及自行車道。鐵路交通網已經完成，可直達北部。斯德哥爾摩的地下鐵，有九十九站，牆壁上都是藝術作品。公路更是四通八達。水路有民營航運公司，有現代化的渡輪與汽車駁船，以及「計程船」，可來往各大小島嶼。還有包括晚餐在內的夜遊，從遊輪的甲板上，俯視水波盪漾，一股自由感，與遠離塵囂感，立即湧上心頭。更有音樂助興，可載歌載舞，別具情趣。

遊樂設施：由於水陸交通發達，而船舶運輸，更偏重休閒娛樂，因而較大的島嶼，可作自行車旅遊，觀賞野生動物及特殊植物。許多地方，都有現代化的遠足、露營、騎馬、攀岩、游泳、划船、釣魚，以及打網球、高爾夫球、滑雪等運動。都市則有教堂、博物館、美術館、圖書館、民俗藝術館等。每年三月，舉行越野滑雪賽。另有輕鬆的登山活動，乘電纜車直達山頂附近，俯視湖泊和群山，它們交織成一幅幅美麗山水畫，令人心曠神怡。國境內有歐洲最高的天然瀑布，落差達八十一公尺。夏日可欣賞午夜太陽。冬季零下二十度時，野外活動有五至十二隻狗齊拉雪橇，馳騁在白茫茫大地。

瑞典到處都有娛樂區，經常舉行水上運動、户外運動和登山活動，讓國民休閒時盡情享受。人人樂於渡週末，車頂載著遊艇，後車箱裝露營器具和游泳衣，到家庭式別墅，釣魚、划船、讀書，做自己愛做的事。瑞典政府撥款補助地方舉辦兒童夏令營，並為低收入家庭，有兩個以上子女的母親，舉辦免費國內旅行，且可寄居「公共休假之家」，免費食宿十天。丈夫及子女留在家裡，當地政府社會局派「家庭服務員」去準備餐點，整理庭園。既有如此優厚的補助，誰不想出去遊樂一番？

育的方面，牽涉到社會福利服務。茲分教育與生育說明：

教育已普及全民。人人具備充分的工藝技術，如鐵工、木工、石工、水電工、水泥工等。作為工業化的潛力，充分支援工廠所需的人力。各級學校只是象徵性的收費。政府有學生津貼、大學生予以更高額的津貼及長期低利貸款，藉以培育高科技人才。除正規教育外，尚有在職訓練課程、成人補習教育，想換工作的轉業訓練等。年輕人失業或輟學，必須到醫院或托兒所工作，以自食其力，絕不讓他們躺在床上睡覺。瑞典老人可住「年金住宅」，老年年金按每月生活指數計算給付，醫藥保健制度完善，老人繼續享受適當生活水準，無所顧慮。

生育方面：從出遊的每輛自用車裡，我們即可看出，他們不會超過兩個孩子。雖有育嬰補助及兒童津貼，還是不願意多生。瑞典人沒有「不孝有三，無後為大」、「有子便是福」、「養兒防老」、「多福多壽多男子」等等的觀念。世界知名的諾貝爾大財主，便是終身未娶。如果依中國習俗，自己生不出兒子，總會想辦法弄個兒子的。瑞典大約每五個家庭中，有一個是單親家庭，足見其離婚率之高。瑞典男女雖然住在一起，但不一定結婚。按其法律，同居和結婚二者、財產權及繼承權大部分相同，一旦分居或離婚，雙方對子女有共同監護權，這可減少孩子心理受到影響。

在瑞典街道上，可見一大批手推車、學步車，年輕婦女們帶著小孩，從托兒中心出來，往公園方向走，或回家。在公園裡，是晒太陽、散步或遊戲。夏季公園裡，還有戲劇演出，免費觀賞。有些年輕父親坐在椅子上，邊看報紙，邊照顧小孩，在推車旁，放著購物袋，可看出男女真是平等。不過，由於母愛天性和薪資較低，仍以母親請假照顧孩子居多。

瑞典對女權的重視，幾乎可說超乎常理。在「為婦女帶來和平一般法」中規定：凡以金錢購買性服務，男方將判處六個月徒刑。在全世界，這是第一個對召妓嫖客判罪的國家。遊客均被提醒，不能輕舉妄動。

中午，我在一家餐廳外面，看見一輛遊覽車，下車的老人，有拿手杖或助行器的，有一老婦人，特製手推車上裝有一長方形木板，走累了，可坐下來休息。經詢問，這些工具全由衛生與社會福利兩單位免費發放，真令人欣羨，而老年旅客更羨慕不置。一九九六年冬，在南非野生動物園，我曾和瑞典旅行團一道吃過飯，可見瑞典人收入好，赴國外旅遊的很多。

在社會福利服務方面：瑞典有如此驚人的成就，是由於其傳統節儉持家美德，企業家們均把出口賺來的錢，用在擴充生產規模、更新設備及創立新企業上。私人利益與公共利益並重，故勞資關係和諧，工廠非常平靜，成為國際工業的佼佼者，列為十大工業國之一。台灣街上跑的VOLVO及SAAB，即來自瑞典。政府能高度滿足人民需要，便成為社會福利最好的國家，做到「少有所養、壯有所用、老有所終」，從搖籃到墳墓，一輩子也不用發愁。人人既具其富裕和高級生活的品質，自然都能享有以往少數富人才能享受的生活。在公車站、火車站和機場上，從未見有一人匆忙趕路、橫衝直撞的，個個都是衣著整潔，以優閒的步伐行走，顯示他們安靜而愉快的心情，給我留下深刻的印象。

或有人說，瑞典社會福利雖好，但漫長陰暗的冬季卻令人難受。須知瑞典交通建設良善，行政效率也高。縱使大雪紛飛，公路鐵路仍暢通無阻，而人們也有其冬季的遊樂方式，頗值得稱道。

我個人印象小結是：有一位俄國人旅遊瑞典後，說：「我們俄國人實行共產主義是失敗了，瑞典人並不標榜共產主義，卻成功了。」這些話雖多少有點誇張，但瑞典目前福利政策的成功，卻多少接近我國「禮運篇的大同世界」了，這些全值得我國多多學習。

全球第一奇瀑

伊瓜蘇大瀑布狂嘯怒嚎、奔飛飆舞

一九九七年二月十二日，我由巴西里約熱內盧乘飛機前往伊瓜蘇。在機上，早已見到瀑布壯闊的風貌。當日乘直升機瀏覽全景，再展開巴西境內的徒步之旅。沿山邊林徑的曲折木板甬道或小徑，遠眺或直視此一最壯觀的天然奇景。範圍較大的瀑布景觀，像幾百匹銀鍊珠箔，爭飛鬥艷。接著我領略河中大小岩島棋佈，把河水隔成一系列急流，而二百七十五道瀑布從巴西高原的岩石瀉入幽深的巴拉那峽谷。由於流經無數斷層（堅硬的岩石），遂形成一片壯麗的瀑海。岩層高高低低，形狀各異，造成多樣而奇特的瀑布景觀，大大小小的瀑布呈現其不同的風貌。水量大的巨瀑，猶似萬馬奔騰的氣勢，其聲如雷貫耳，令人驚心動魄，彷彿目睹了「創世紀」的世界的誕生。

沿途有時見到瀑布簾幕中的瀑布窗，以及陽光下形成的美麗的彩虹，倒懸在瀑布之上，七彩繽紛，與晴空霽雨，互相輝映，更為神妙，使人不得不由衷的歡呼、微笑。乍見每一道凌空而下的黃瀑、白瀑，總帶著無限的豪壯與激盪。

我們一直沿著山邊木板甬道走，走到觀瀑塔（升降梯）的下方，遊客們租雨衣，穿雨衣走過曲橋狹窄甬道，直接到十四道瀑布匯集在一起，形成的所謂「魔鬼咽喉」，高達一百公尺，豐沛而黃濁的瀑布群往下直衝，水力極強。這時，水氣飛濺，氣勢磅礴，煙霧瀰漫，如同下雨，再加上出現飛泉虹橋，黃髮捲絲等等變幻，這就造成了壯闊、美觀、驚險等諸多景象。一些人因不知厲害而搶鏡頭，把照相機弄濕了，以致無法再用，由此可知當時的景觀是多麼誘人了。我們在濛濛水霧中沐浴一番。打在臉上，皮膚上的水珠，仍覺得有點寒氣襲人。由木橋甬道上往下看，只見有小汽船在活動，船上幾個人都穿著雨具和救生圈，有點像花蓮秀姑巒溪泛舟一樣。這時導遊說：「這就是從『魔鬼咽喉』瀉下來的瀑水，最壯觀的一段。瀑布下面有小汽船沖浪而過。這需要從一連串的步道和階梯走下去，才能搭船，那是年輕人的玩意兒，祇有體能狀況極佳的人才適合嘗試。」

我們回頭向山邊走，交還雨衣，再購票乘升降梯抵達高地。驅車經過巴西、阿根廷邊界，進入阿根廷境內。在一家中國餐館晚餐後，即轉往一旅社下塌，以便明日再作一次阿國境內的徒步之旅。

十三日清晨，略進早餐後，就從旅社後門，沿叢林小徑走了一系列的狹窄甬道。阿根廷境內的瀑布水量較大，因流經崎嶇的岩石，變化多端，從上游沿步道而下，在兩山之間有一木橋，它就是觀瀑點。每一處觀瀑點都有其特殊景觀，尤其是彩虹的出現，更令人鼓舞。一個巨大的瀑布群，好似一條巨龍般的伊瓜蘇河洶湧地穿行於濃鬱、神秘的熱帶雨林中，景致十分迷人。走進瀑布區國家公園時，可見許多半落葉的熱帶雨林，還有一些松竹類的植物，草叢中則有松鼠、長鼻浣熊等穿梭其間，令人有一種走向大自然的特殊感覺，沒有一般觀光區的俗氣。

午飯後，我們乘小汽船到瀑布上方的河中央，一上船，即見一片熱帶雨林浮在水上，把我們送到一座殘斷的木橋，上橋後，徒步走了一段很長的木板甬道，到達鼎鼎大名的「魔鬼咽喉」攬勝，其時適有彩虹出現，復見豐沛而濁黃的水流像千軍萬馬，四處湧來，直瀉到一個突然凹下的大窟窿內，頓時煙霧瀰漫，像火山冒煙的模樣。那樣雷聲怒吼的震撼，非身歷其境者，無法領會上帝造物及大自然的奇妙。傍晚，夕陽餘暉灑落在「魔鬼咽喉」區域，更顯出其非凡美麗。我當即吟詩曰：「阿根廷境雨林盛，魔鬼咽喉煙霧生；又見彩虹橋上過，千軍萬馬瀉濤聲。」

回程時，途經阿根廷、巴西和巴拉圭在伊瓜蘇瀑布附近形成三國國界的交集點，我們特在有三國國徽之處，攝影留念。

世界第二巨瀑

尼加拉大瀑布漭沆激射、猙然瘋馳

美加邊境的尼加拉瀑布，我十一年前曾去過，因時間匆促未能盡興。一九九六年九月再度由紐約和朱昊兄嫂乘車前往，在瀑布區大飯店住宿一宵，好好的夜以繼日，晨昏對照，來欣賞此奇瀑，並作更多的瞭解。

尼加拉瀑布，九月初的水量也算很大，以每秒七十萬加侖（三百萬公升）的速率，四百萬匹馬力的衝力，傾瀉到美加邊境的安大略湖。因為有山羊島，便形成兩個瀑布，即美國瀑布（高五十五公尺，寬三百二十八公尺）與加拿大瀑布（馬蹄瀑布，高五十公尺，寬七百六十二公尺）。由於加拿大瀑布的範圍，面積比美國瀑布大，氣勢雄壯，來勢洶洶，排山倒海，狂濤怒吼，故遊客多先入加拿大境。

我們進加拿大後，往瀑布方向前進，愈接近瀑布，水聲愈大，眼見瀑布本是上游靜靜的流水，到了斷岩處驟如千軍萬馬奔騰，直瀉而下，撞擊到岩石上，造成巨大的水花，滾滾而流，聲勢浩大。其景色之壯觀，氣勢之雄厚，懾人心魄，引人入勝。我們倚立欄杆而望，飛瀑的水花，陣陣隨風輕拂而來，毛毛細雨般略帶涼意。

瀑布堤防旁有一些建築物，如遊客服務中心等，都很整齊清潔。我最欣賞的是公園和花圃，著名的有白橡樹公園和維多利亞女皇公園等。其茂密的樹林、如茵的綠草，以及許多奇花異卉，把整個環境點綴得美輪美奐。設有長椅供遊客休憩，我坐在上面，不禁仰首長吟：「此景只應天上有，人間那得幾回看。」

瀑布的兩岸有四個高塔，美國境內有一個，另三個均在加拿大境內。這些高塔可作瞭望之用。可以乘透明電梯緩緩而上，會看得更遠一點。塔內還能買到各種紀念品。在瞭望塔上觀賞遠景，瀑布與四周的環境設施一覽無遺。綠色的兩岸間，突然伸展出兩個閃動著的大銀幕，一而再，再而三的觀賞，簡直無法相信這是大自然的真實景象。有遊客們穿雨衣帶雨帽，經隧道，走一段曲折的長橋甬道，到瀑布下接受雨中漫步的洗禮。

瀑布區可乘遊艇「霧中少女號」到萬丈飛瀑下歷險一番，近彩虹橋處有一碼頭，遊客在購票時，即發一件雨衣和一個雨帽，上船時必需穿戴好，並將照相機等物藏在塑膠袋內，以免被水氣浸濕。遊艇在驚濤駭浪中向瀑布前進，往左右看還不覺得可怕，往前看，船是在向瀑布裡衝，很驚險刺激，越近瀑布，船身就搖擺不定，浪花四濺，水聲隆隆。在濺起的飛瀑下，猶如遇上傾盆大雨，可惜沒有雨鞋和雨褲，弄得褲子和鞋襪像落湯雞，加之有如雷貫耳的風聲，令人悚然。於是遊艇上的人驚叫聲四起，至今還令我猶有餘悸。在高塔上的人，遙望這艘載乘客的小艇，好像是一片落葉，正如宋蘇東坡所描述的「駕一葉之扁舟」啊！這種使人心驚膽戰的小艇，雖然在駭浪中有點嚇唬人。可是：要想乘這小艇，還得大排長龍哩！

我們走到美加邊境的彩虹橋，經過關卡，付過橋費（輔幣），再步行到橋中間，可正面遠觀加拿大瀑布。只見遠處煙峰瀰漫，水氣灰濃，在朦朧的天際，掛了一條彩虹，頻添幾分情趣。

白天欣賞與夜間欣賞瀑布，是兩種完全不同的面貌，遊客也有不同的感受。晚上，瀑布河流兩岸邊的高塔中，全部亮起燈火。那雄壯氣魄的瀑布，在五彩繽紛的照明燈直射下，足足有二十億支燭光的照明度，令人覺得驚恐怒吼的瀑布，變得柔和起來。夜賞瀑布，猶如一幕彩色的簾幔，在隨風飄動，令人神往。又好像許多綺麗的少女，穿著五花十色的衣裳，展露著美妙的舞姿。

深冬嚴寒時來遊，情景與秋天又是截然不同。瀑布四周結冰，再覆上厚厚的白雪，景色勝過富士山太多了，直似仙境。一到晚上，彩色的燈光照射雪堆，反射出的彩光，令人屏息。

第二天早晨，我們再看一次瀑布在晨曦中閃爍的美景，並見到馬蹄瀑布上游的風貌。朱昊兄把車子開到花鐘旁停下，鐘上有「NIAG ARA'S PARK」十二個字母，恰好十二時。其花卉的顏色、十分鮮明艷麗，比瑞士、智利和陽明山的花鐘都漂亮，也許花卉綠草種得密集，很有立體感。加之顏色及鐘周圍的花式也很醒目。在花鐘的前面還有一小水池，猶如羅馬許願噴泉，可以許願的。

觀賞尼加拉瀑布，有許多途徑及方式，可由美國紐約州水牛城乘直升機鳥瞰其全貌，也可從多倫多乘船繞馬蹄瀑布背後，讓全身投入於晴空的雷雨，而驚呼「真不知天上人間？」有人在尼加拉公園旁邊乘直升機直接降到瀑布下面的岸邊，有人登觀瀑塔或觀瀑平台，有乘空中纜車去看漩渦，也有在旋轉餐廳上觀賞等等。比起在巴西、阿根廷觀賞伊瓜蘇瀑布來，方便得太多了。

由上面的敘述可知，伊瓜蘇瀑布與尼加拉瀑布各有千秋，伊瓜蘇瀑布的情景，曾在一九八六年的影片「教會」中出現過，而尼加拉瀑布的情景，早在一九五三年，瑪麗蓮夢露主演的「飛瀑怒潮」中出現過。在外觀上，伊瓜蘇瀑布高而寬，瀑布黃濁，而尼加拉瀑布的瀑水則較清。處境上，伊瓜蘇瀑布尚處在一種純樸自然的狀態，而尼加拉瀑布已經人工美化。前者要想美化旁邊的國家公園和各種觀光設施，當非巴西和阿根廷兩國的經濟所能負擔。舉例來說，阿根廷曾於一九八八年興建一條甬道，長達一公里的木板橋，讓遊客徒步走過，衝入魔鬼峽的瀑布上方，在某些地區，遊客還可從橋上走下去，在瀑布的水霧下方游泳。不幸這座木板橋前幾年被洪水沖垮了。我們乘小船接駁到斷橋上，再走相當長的一段橋，而到達魔鬼咽喉。連一座橋都無經費修復，要建立和加拿大一樣的公園及其觀光設施，談何容易？就安全舒適而言，觀賞伊瓜蘇瀑布，有種城市人下鄉的感覺，鄉野風味濃厚，還需要走木橋小徑，才能到達最美麗而壯觀的景點。而觀賞尼加拉瀑布，交通工具眾多，有一種遊覽公園的感覺，公共設施良好，觀瀑方式較多，只在平坦道路上漫步，同樣可以觀覽全貌。兩相比較，觀賞尼加拉瀑布，當然算是一種舒適的享受！喜歡驚險刺激的人，觀賞一下伊瓜蘇瀑布，才知道它真是世界上最大的瀑布哩！

酣遊琉璃水晶世界

阿拉斯加冰河絕景一瞥

近年來旅遊風氣大開，我於一九九四至一九九七年間，就曾眼浴過阿拉斯加、阿根廷、挪威、冰島、格陵蘭等處冰河，各有其特色及風貌。阿拉斯加冰河最為宏偉壯觀，使我留下極深刻的印象。

冰雪降落在山峰與河谷後，因夏日溶化量較少，經年長期堆積，乃形成冰河。它如不斷往上加工的多層蛋糕，越是下層形成的年代越久。上層的雪日積月累增加，下層冰層承受不了疊壓的重量，加上地球重心作用，冰河便開始向下滑動。

阿拉斯加擁有廣闊而極具特色的冰河地形，由終年冰雪覆蓋的北方至變化萬千的內陸，全有風情獨特的海岸線，及最原始的自然環境。一九九四年九月間，我有阿拉斯加破冰之旅。下午六時遊輪由加拿大溫哥華起航，沿海岸與島嶼之間的內灣航道北上，巡航至阿拉斯加冰河區。沿途有綠島、青山、碧海為伴，風光宜人，是一次新奇而具震撼性的經驗。遊輪緩緩而行。一路上由深綠色的平原變成淡黃色的丘陵，又變成暗灰色的山脊，看見多處山頂積雪。途中曾停留海契根（Ketchikan）和朱諾（Juneau）兩地，是旅遊點，藉以調劑我們海上的生活。在遊輪頂層仰望藍天，覺得天空格外的藍，環顧群山，亦覺得格外的美。不斷眺望周圍的綺麗景色，頓覺似置身仙境。再探索遊輪內每一個角落，各式娛樂與休閒設施齊全，一一玩遍，甚感輕鬆愉快。

停留海契根和朱諾兩個旅遊點

海契根在阿拉斯加的東南方，街道沿海而建，市區細長，海上有小型飛機停泊。我們遊覽海峽自然公園，峽灣海岸線頎長亮麗，真是峽谷奇觀。接著遊輪續航北上朱諾，位居阿拉斯加北部，市區遼闊，只有幾條街，高樓巨廈不多，地形像舊金山。

我們由朱諾碼頭搭乘遊覽車轉往直升機場，先換穿雪靴，依次登機，每機限乘六人。各人佩帶耳機，可聽駕駛沿途說明。直升機升空後斜斜往河谷飛去，左側經過朱諾鬧區，附近山峰一片銀白，右側隔河一片蒼黃，綿延不絕。直升機轉過山頭，只見一片奪目的奇特閃爍的晶藍，一大片白茫茫的雪地。它沿山麓低飛下降，落在冰之上。下機後，大有「千山鳥飛絕」的孤寂感覺。四向遠眺，周圍的峰頂盡白。上層顏色固是常見的冰，下層卻成藍色或黑色，狀如岩石，又似倒插的刀鋒，互相擠壓著。冰河上有許多圓形窟窿，大如桌面，水色湛藍。站在冰上，側耳傾聽，腳下有「格格」的細聲。原來冰河不是靜止的，時時在向海洋移動。它的風貌真是神奇奧妙，也使人感到孤寂可怖。

乘遊輪繞過冰峽進入冰河灣

在冰河上停留十多分鐘，便登直升機，我們掠過山腰，又到另一條冰河。所見的冰塊如刀山劍壁，鋒刃稜稜，真擔心直升機腹會撞上，約四十分鐘返航，只見山間有湖水，當然也是積冰溶化的傑作。

續乘遊輪繞過冰峽，進入冰河灣，而走近冰河國家公園。遊輪在灣內緩緩繞行，每個冰河口都停留片刻。不同年代的冰河各有特色，有的崩解掉入海中，有的還停在半山腰，令人感受它們的存在力量。冰河都有名號，當時略記一下，現已遺忘。有的全長一百餘公里，寬達二十公里，高達六百公尺，壁立千仞，積冰如層巒疊嶂，景色十分壯麗，蔚為奇觀，令人產生一種肅然敬畏的情懷，真是滿心感動。

令人觸目驚心看得目瞪口呆

遊輪直駛冰河口前，一剎那冰河崩裂，只在短短不到一分鐘之內，那座千百萬年來聳立的冰峰，便發隆隆的濺響墜落；像一座二十四層樓的整片牆倒塌下來，噴洩出漫天的霧氣。一連好幾大片的翠玉傾盆而下，倒插入海，形成冰山、冰島，漂入遙遠的水域。真令人觸目驚心，看得目瞪口呆，簡直不敢相信自己的眼睛。

海面漂游一塊塊浮冰，有的大如一間房屋，有的如一艘小船。海豹、海獅、海獺在其上坦腹高臥，乘著冰塊漂行。這些漂浮著的許多乳白色冰塊千姿百態，似天空的雲朵，又似淡藍的碧玉，像極了雕刻藝術珍品，玲瓏剔透，光燦奪目。只要見過那巍然矗立的冰塊，可以想像到那海水的陰森和冰冷。在這冰天雪地、陰風怒號的茫茫大海中，海豹、海獅竟仍在嬉戲，矯健的翻轉，敏捷地躍上去，又滑下來。大自然的奇妙，海天一角，人在此際，便覺得格外渺小。我能看到如此的偉大自然景觀，甚感人生至此，於願已足矣。

地獄旅行

奧斯威辛集中營血淚遊

二次世界大戰結束，距今已有五十多年了，它的陰影卻仍深植於人們記憶。有關納粹集中營的恐怖圖像，我們大都早有所聞，甚且見過照片。但我總希望有朝一日能身臨其境，看到更真切的殘酷景況及特殊景觀。一九九八年八月十九日至二十四日，我藉在東歐斯洛伐克開會之際，作波蘭、捷克、匈牙利和奧地利兩週之旅。

前往奧斯威辛集中營

二十四日，夜宿波蘭第二大城克拉科夫，翌日即乘遊覽車，前往奧斯威辛（Auschwitz, Oswiecin）集中營，這是全球最可怕的地獄，車程僅五十五公里。一路看不到樹木花草，只見好幾條鐵軌，上面還有火車頭停著，像是一個交通很繁忙的地方。

下車後，頓感整個環境灰暗，毫無生氣，像走到一片荒涼的墓地。加之天氣不好，而且陰冷，淒風苦雨，上帝似也帶有怒意。遊客們才來這裡，即覺得一股肅殺悲涼之氣，不禁滿面愁容。我們先從牌坊式的大門走進寬曠的集中營，火車可直接貫穿，開到這裡。鐵軌右側，有二十八幢木屋排列著，屋內設備簡陋，比牢房還不如，幾乎無盥洗的空間。據說當時犯人餓得坐也不是，站也不是，睡也不是，苦不堪言。四周豎有很高鐵絲網，隔相當距離設一高塔（瞭望台）或哨亭。在高塔上架機槍，鐵絲網上通電流，夜間有探照燈。營裡囚徒想越雷池一步，比登天還難。鐵軌左側有三十幢磚房，供年輕囚徒居住，早晨五時運出去做工，晚上七時送回來休息，毫無報酬。如稍微犯規，即加倍做粗重工作。當年法、義、荷蘭、挪威、匈牙利等國猶太人，全部被納粹用火車運來，先後集體處死。

觀看處死圖片以色列人流淚

接著，我們過一條寬寬的馬路，向左前方走到紀念館，是原集中營房辦公處改成的。它展出納粹時代如何迫害囚徒的文字和圖片、分析圖表，以及物品、器械等等。首先映入眼簾的，是檔案圖片陳列室，壁上有押解猶太人的照片，卻未上鐐銬，小孩還天真的跟著走。有一張圖片，是一位美麗的少女，胸前編號「A○○○○」，全身被鐵絲網圈著。側門口置一後人為猶太人殉難所製的雕塑，紀念猶太人受壓迫時的煎熬苦況，供人憑吊追思。我們旋即進入放映室，這時有三十多位以色列人，扶老攜幼，帶著國旗，和我們一起看紀錄片。片上畫面雖然模糊，但仍可看清押解猶太人的景況。那些老弱婦孺，面黃肌瘦，一個個露出沉默絕望的眼神，兒童們則睜著驚恐的雙眼求助。為了臨床實驗，割猶太人大腿上的皮，也有紀錄。好幾個人被集體活埋的圖片，以及清潔的死刑毒氣室，完美的殺人機器等等，一一儘入觀者眼底。這時，坐在我前後左右的那些以列色人，一面看，一面落淚。他們觀後，在門外整隊，張開國旗，默禱這景象，使我感動得流淚。後來參觀刑場時，我又遇到以色列團隊，發現一位老婦臉上還有淚痕。由此可見其猶太精神，那怕對五十多年前的大屠殺事件，仍是念念不忘。

「工作使你自由」是大諷刺

我們穿過大門，上有「工作使你自由（ARBEIT MACHT FREI）」，這實在是個大諷刺。走進一個展覽室，放滿了毛髮、衣服、鞋子、皮箱、梳子、牙刷、面盆、毒氣筒，以及製成的地毯、假髮、洋娃娃等等。處死囚徒之前，有一種手工清除行動，這就是掠劫那些囚徒身上最後僅存的值錢物品。比如沒收金牙、衣服、錢財、連身上的毛髮都要剪下來，做地毯、假髮及洋娃娃。皮膚則剝下來做油脂、肥皂，內臟則移植到德國病患身上。據說這是德國銀行一筆可觀的國庫收入，一年高達一百億馬克。一位女詩人曾經朗誦過一首詩：「離世前，先留下毛髮插在玩偶上，任誰也不許殘留一份鮮活。」這詩句真是震撼人心。

我們又走進地下室牢房，是一個一百二十公分見方，兩公尺高的小窟，中間置有一千瓦特高熱，只有一個小窗通氣。陰森森的，竟覺得裡面傳出奇怪的聲音，讓人心生恐懼。每一間牢房鐵門深鎖，可說是「人間活地獄」。上層是德軍寢室，囚徒要想逃跑，根本不可能。在兩幢房屋之間，設有刑場，專門槍斃不聽話的年輕猶太人，殺一儆百。

憑弔毒氣室焚屍間毛骨悚然

我們心情沉重，緩慢地再往前走，憑弔真正的毒氣室及焚屍間。毒氣室上端有許多氣孔，是由外向內灌入毒氣。牆壁上有一些血跡、指印，是囚徒掙扎時所留下的爪痕。由毒氣室側門走入焚屍間，看見，兩個焚化爐並立，上面的煙囪還保存完好。焚屍場外有一架絞刑台，從未用在猶太人身上，戰後卻將德軍司令在這裡上絞刑，真是冤冤相報。

我們復走進一幢房屋，專門展示下述模型：⑴理髮、⑵脫衣準備「洗浴」、⑶毒氣室（納粹人稱之為「淋浴室」）灌煤氣毒死、⑷焚屍等全部過程。導遊說：燒剩的骨灰運出作肥料，人體的脂肪、則從一條鐵管通入桶中，加以提煉，作肥皂用。此種駭人聽聞的殘酷暴行，也只有納粹人才想得出來。模型上所顯示的排隊走往毒氣室的一幕，人人呆若木雞，百般無奈。與真正的毒氣室兩相對照，不禁令人心驚肉跳，毛骨悚然。沒有置身其中的人，很難想像那種慘痛的情況。

集體行刑每日兩千四百人

由原路走出「工作使你自由」大門後，在廣場上看見一座不顯眼的「大屠殺死難者紀念碑」。見過美國波士頓等地紀念碑的人，很易疏忽過去，因為它所佔的面積直像一塊黑板放在茶几上。

為了加深憑吊該營的印象，我又走入先前到過的檔案圖片陳列室，在面黃肌瘦的絕望的一大堆人身上，發現每人在手臂上烙有藍色編號「○○○○」數字。旁邊一位老先生主動告訴我，一個人送進集中營，便失去了自己姓名，換成一個編號（數字）。在納粹人的名冊上，在他們的手臂上，只是排列有序的數字，而把人當作物品看。當他們被依次送進毒氣室時，他們是作為數字死去的，連悲傷和懊惱的權利都沒有。在一九四〇至一九四五年之間，納粹共殺害了六百萬男人、婦女和兒童，猶太人佔四分之三，住在波蘭的猶太人（總數約三百五十萬），只有數千名倖免於難。這是納粹人利用有關種族純粹化的理論，來管制、壓迫被視為次等種族的人民，將猶太人與吉卜賽人趕盡殺絕。美其名曰「保護監禁」，實際就是送往集中營。對任何企圖抵抗的人，均會遭到殘虐的折磨、報復。集體行刑，每日約殺二千四百人，是一項依照預定計畫進行的恐怖行動。

希特勒滅絕猶太人無比殘酷

老人又說：自一九四〇年起，納粹設立六個集中營，一九四二年一月，擴大成為滅絕營。成千上萬的人，因不堪飢餓與折磨而生病或成殘。處死前則給予奴工般的虐待，並用來作為醫學實驗品。同年開始，用毒氣來毒死集中營的拘禁囚徒，屍體則送進焚化爐燒成灰燼。有些則集體活埋或槍斃。最令人難過的、是成千上萬猶太兒童，慘遭屠殺。有的死在集中營毒氣室，有的死在寒冷、飢餓的鐵絲網內。在寒天，兒童們因禦寒衣服不足，把破布纏繞在身上，肚子餓了，平分著本來就很少的食物，就這樣走向死亡。

希特勒最為人熟知的，就是他對猶太人的迫害與滅絕，顯示他的無比殘酷。然而，上帝終於懲罰他，他所建立的黑暗政權，只存在十二年，他本人畢竟也死在炸彈爆炸聲中。他所創立的「奧斯威辛集中營」早已寫入人類的詞典。這個恐怖名詞將永恆輸入人腦，使人們萬世不忘，萬世不寒而慄，且永遠對人性可怖層面不斷反省。

古芝隧道的神話

表現人類偉大的生命力

有人說，到西貢（胡志明市）而不遊古芝（Cuchi）隧道，如入寶山，空手而回，如入教堂打瞌睡，而未聽道，也不能算是到過越戰後的越南。事實真是如此嗎？我有幸於一九九五年二月下旬有越南之旅，旅遊內容令人難忘。

古芝隧道位於西貢西北方三十五公里處，由西貢乘車出發，公路兩旁的房屋都很破舊，仍是一番戰後遺下的蕭條景象。只點綴著修車和零售汽油而已。進入古芝縣境，首先映入眼簾的，是一萬餘人的陣亡戰士公墓，用來紀念那些在越戰期間，於古芝慘烈戰事中喪生的官兵。建築雖不雄偉，面積卻很寬廣，且令人有樸素蒼涼之感。

接著見到的，公路旁躺著一輛破損的坦克，及幾個砲彈炸裂的大窟窿。這是一些古戰場的證物和標誌。在越戰期間，這個地區曾扮演過舉足輕重的角色。

到了目的地，進入左側簡陋的平房，標示為越戰軍品展示館，出售紀念章及一些軍用品等，走出去就是戰利品展示場，置有美軍直升機一架。不遠處有一射擊場，年輕人樂於此道，我們這一團的人卻都不願前往。於是導遊便帶我們過馬路正式進入隧道區。入口處設有售票處兼詢問台，也出售紀念品及說明書。還有護理站，為遊客量血壓兼出售一些成藥。我們穿過稀疏的樹林（戰後才種植的），聽不到鳥鳴，非常寂靜，別有一番風趣。

約走了三百步，到了設有三座電影簡報室的廣場，放映古芝戰爭紀錄片，有各種語言旁白。初到時，是英語發音，剛好臨近尾聲。復為我們旅行團從頭講解，由導遊用華語翻譯。室內設有三層地下隧道簡明圖，分二公尺至四公尺、四公尺至八公尺、八公尺至十二公尺深三種，並配有燈光，以及「南解」游擊隊所使用的武器、炮彈、包括挖地下道的工具等。放映紀錄片時，改用華語發音。使我們了解當年戰爭的慘況。所有地上房屋、熱帶森林，全被化學瓦斯燒光，呈現一片悽愴的景象。看到今日的簡陋設施，令人傷心慘目，感觸良深，慨嘆戰爭實是無情！

古芝是以長達二百公里的地下隧道網而聞名於世，這是一九六〇至一九七五年代「南解」游擊隊的地下基地。這些隧道，形成了一群地下村落，由三層高及各種不同形式的層洞連接而成的地下避難所。隧道的幹道只有六十至七十公分寬，一點五公尺高。隧道上有三至四公尺厚的頂蓋，可以承受一輛六十噸重的坦克，或是各種大小的手榴炮彈，以及重達一百公斤（二百二十磅）的炸彈。「南解」游擊隊曾經利用最簡單的工具，在古芝硬如岩石的土壤中，挖到十二公尺深的地下。他們把這項大規模的挖洞行動所產生的成千上萬噸的土壤，運往偏遠地區，四處分散，因此隧道入口很難找到。當然，美軍曾用軍犬到處搜索，而「南解」游擊隊卻利用陣亡美軍士兵軍服掩蓋洞口，瞞騙了軍犬的嗅覺。至於煙囪的排煙也採迂迴方式，讓煙在四公尺外冒出來，現在說出來真如天方夜譚。

近年已將幾個隧道入口分別作明顯的標示，並在洞口搭了茅蓬。身著戎裝的古芝導遊，手持電筒從羊腸小徑帶領我們向前行，和我們一起入洞作地下之旅。沿途仍見有炮彈炸的大窟窿。首先讓我們參觀的洞口，是進入會議室，裡面有幾張長條木桌及板凳，主席台及會議桌上的名牌仍保留原狀。這並不是走進去的，而是在坑道裡彎著腰轉一兩個彎爬進去的。一點五公尺高的洞穴，常常會令人撞頭，我就被撞過一次，難怪高個子的美軍爬不進去。

接著再爬進另一洞口，看指揮部。主要是控制第二層與第三層地下隧道，遊客都不願再爬下去。洞內只有簡陋的木桌椅及用具。第三個洞口是看診療室，裡面設有手術台、擔架床及簡單的手術器械推車等。第四個洞口是廚房和餐室，煙囪排煙先在地下道頂層排煙管內「走一段」路，約距四公尺之外，才冒出地上來，所以地上看到的煙極少。我們在餐室木桌周圍坐下，吃了一塊栗薯拌糖和一小杯茶。

第二層尚有彈藥儲藏室及簡陋的改造場，以美軍未爆炸的炮彈，拿來攻擊坦克和直升機。我們在前面所見的美軍坦克和直升機，就是這樣打壞和打落的，而成為戰利品。令人恍若置身於迷離幻境、神話世界之中。只有親眼見到才能置信。

約停留三個小時，我們仍然從隧道區入口處走出，回顧一下售票處、詢問台、護理站等，再穿過馬路到越戰軍品展示館，聽到那射擊場陣陣的槍聲，置身其間，令人驚心動魄，不免有走入戰場之感。想當年戰爭的慘況，當知今日的寥落景象，勢所必然。同時也佩服古芝戰士們沈毅堅忍的民族性及匠心獨具的地下網。這場越戰，造成三百萬越南人民和五萬八千名美軍喪生的悲劇，現仍留在我的腦海裡，每次回想起來，還要捏一把冷汗呢！

某一深夜，突然因回想而驚醒，不禁吟曰：

初到古芝，愁慘荒涼，

漫步古芝，寂寞空曠，
離開古芝，依戀悽愴，
想到古芝，忍飢圖強，
古芝之戰，令人難忘，
古芝之旅，倍感滄桑。

越戰已成為歷史，我此行算是弔古戰場，但也算是一種觀「光」。如不以眺望壯麗的風光景致為著眼點，古芝隧道，還是值得一遊的。

挪威北角午夜太陽

越南古芝隧道戰利品展示的直昇機

美艦亞利山那號紀念館

埃及金字塔

埃及金字塔

作者在埃及大沙漠中留影

南非開普頓桌山

南非好望角

史瓦濟蘭邊境

南非祖魯族

荷蘭阿姆斯特丹詩人公園

荷蘭風車

阿姆斯特丹遊艇

阿根廷最南端火地島

阿根廷冰河

祕魯馬丘比丘古蹟

秘魯馬丘比丘男童

亞馬遜河上的印第安居民

亞馬遜河駕扁舟

紐西蘭羊群過馬路

紐西蘭的螢火蟲洞穴

匈牙利布達佩斯英雄廣場

布達佩斯商店新花招

倫敦橋

倫敦皇宮御林軍換班

西班牙鬥牛

葡萄牙亨利王子像

溫哥華史坦利公園印第安圖騰

午夜高懸紅太陽

挪威北角異象

午夜的太陽，是地球上奇景之一。書本上的正式名稱是永晝。挪威北部的北角，每年五月中至七月底是永晝時間，太陽從不落下地平線，而在地平線（海面）上水平運行。只有白晝，沒有夜晚。即使到了午夜時分，太陽依舊在北極海上懸浮著，光線充足得足以在户外讀書閱報，十分新奇。對身處亞熱帶的人而言，的確是一種難得的經驗。

一九九七年六月十五日傍晚，我們飛抵丹麥首都哥本哈根，氣溫像臺北的冬天。交通倒是順暢，路上汽車很少，摩托車更少，自行車頗多。下午八時許，天色仍亮麗。翌日下午，由哥本哈根乘遊輪往挪威首都奥斯陸，看到北海夕照。其後，在挪威南部及中部，夜十時仍見陽光高照山頭，十時後見夕陽餘暉，紅霞上有黃條點綴，很美，令人欣悦倍加讚賞，感到快樂。十一時許，天仍光亮，凌晨三時，天大亮，可寫字，上午五時，陽光又高照了。旅社的窗門厚重，窗簾都是兩層，一層薄布，一層厚毯，以便合攏起來好安眠。

六月二十六日，我們進入北極圈內挪威最北的鎮市漢麥菲斯（Hammerfest），下塌Rica大飯店。夜十時可看到北方天空展示燦爛的白色光帶，從窗外目睹雪山上的陽光。飯店經理說：這是北歐高緯度區著名的永晝期，太陽整天頂在頭上，沒有清晨和黃昏，更讓人分不清楚白天和黑夜。這種特殊的自然現象，人們會享受夜讀不必開電燈的雅趣。到街上、河畔散步，沒有黑夜的不安和恐懼，就連瞌睡蟲都不忍心出來騷擾人。永晝的陽光和煦，令人覺得很溫暖。是夜我們興奮到十一時，天色才漸漸暗下來，小睡片刻，不料凌晨二時，拉開窗簾，天空已很明亮，仔細一瞧，又見太陽照耀雪峰了。

六月二十七日（星期五），早上七時，突然下小雨，我們帶著並不樂觀的心情上車。按照日程，今晚要趕到北角看午夜太陽。飯後我們乘渡輪到霍寧斯偉格（Honingsuag），天仍是一片浮雲，間歇下著小雨。進住北角大飯店一八六號房間後，北方微露亮光，下午六時半，曾看到太陽衝破浮雲，露了一次臉，我也就安心小睡了一會。晚八時半進餐，十時乘專車往北角，車程約四十五分鐘，便到達歐洲大陸最北的北角海岬。

北角海岬位於北緯七十一度十分二十一秒，突出於北極海中，是一座三百公尺高的花岡岩海角高原。荒蕪光禿，沒有樹木。我們此行目的是在岬角上向著北極頂，觀賞日不落及日復升的兩種奇景。夜十一時還是霧茫茫一片，像黃昏，只能看清較大的物體，但天色尚明亮，並未看到北極海上水平運行的太陽。同時風暴驟作是一陣一陣的寒氣襲人，岬角上不易站穩。有人到超視聽放映室，看當地一年四季的景象影片，就近在遊客中心購買紀念品與明信片；有人走到岬邊圍欄處，遙望下方的海面，目睹波瀾壯闊的景觀，並在地球儀紀念碑（地標）旁攝影留念。在北角高原上，豎立著七個圓輪狀的雕塑作品，這是七位學童於一九八八年在北角待了七天完成的，代表合作、喜悅與友誼。還有一座命名「母與子」的雕像，是出自名家之手，值得讚賞。

午夜十二時，北極雲影天光一直很亮，大地已能看錶看報。東北方開始發白。我們等到零時十五分，太陽仍未露臉。有人看出天雲一線異色，認為太陽馬上就會出來，希望再等十分鐘，有幾位想睡，我們便決定上車返回飯店。不料不到三分鐘，赫然見一輪紅日從東北方雲底奮湧而起，金光閃爍，閃耀於我們的性靈境界，引起我們的情調。前面有兩輛車子停下來照相，有一輛索興倒車開回北角高原，我們也倒車緊隨其後，在北角高原上，真正看了十幾分鐘的午夜太陽。面對柔和的旭日，不禁無比興奮。回程途中，都可從窗外看見太陽，滿地照成金黃色。

六月二十九日，在冰島ESJA大飯店六〇八號房間，親眼見太陽懸浮在北方很低的天空，彷佛沿地平線移動，一直由晚十時看到十一時半。這就是我們想在北角看到的日不落景象，渾圓的大火球在地平線上閃動運行。皇天不負苦心人，造物主終於給我們完成心願了。我旋即疲倦入睡，凌晨四時打開窗簾，太陽已在東北方照耀著，六月三十日，又在冰島享受了陽光最長的一天。

珍珠港驚魂傳奇

美艦亞利山那號遺影

五十七年前，發生了一樁驚天動地的大事，今天還由紀錄片和報紙上看到，這就是「珍珠港事變」。

一九四一年十二月七日，日本偷襲珍珠港，筆者還是初中一年級學生，對這件事，只是似懂非懂，想不到在抗日勝利五十週年之際，一九九五年八月二十九日的夏威夷之旅，使我懂得更多、更確實、更深切。憑弔第二次世界大戰被日軍擊沉的亞利山那號戰艦，是筆者一生中引以為快的一件大事。

二十九日上午九時我們從威基基（WAIKIKI）海濱大飯店出發，經九十九號公路，向西行約五十分鐘，抵達珍珠港可停一百五十輛車的免費停車場。下車後，前往排隊，隨到隨進，但不接受預約。我們按序排隊，約十五分鐘，走到服務台，領取免費入場券

（它是戲院場次的號碼），進入遊客中心，以等待入戲院觀賞一段二十分鐘的「偷襲珍珠港」紀錄片。

在遊客中心服務台後側，有一幅「亞利山那號戰艦」的油畫，色彩明亮，動感逼真，值得一看。一轉身，向右進入眼簾的，是「今日的義工」，貼有幾張彩色放大照片，看看照片再看看真人的服務精神，令人肅然起敬，印象深刻。逆時鐘方向見到的是三首詩，題目是："Memorial to USS Arizona"、"USS Arizona"和"Beau Soir"。這三首詩是從上千首中精挑細選出來的，誦讀起來鏗鏘有聲，韻味十足。我特別在此攝影留念，藉以表示一個中國詩人對英美詩的愛好。轉了一個彎，取得一份「中國語」的簡介。隨後自行瀏覽書店，花美金七角六分，可買到一份當年珍珠港事變的報紙，兩角可買一張明信片。逛了一下博物館，在進門右側牆壁上看到一張放大照片，導遊指指點點，說是由一位商船上的醫師拍攝下來的轟炸鏡頭，身為醫師的我，聽後嫣然一笑，又高興了一次。看完許多圖片和模型後，便走出博物館。向右方走到房屋外後邊的濱水草坪，遠眺福特島及戰艦行列。

大約等了一個多小時，才聽到廣播，要我們領「十一」號入場券的人到戲院前排隊，不久即入座。放紀錄片時，首先見到的是日軍侵華殘暴的畫面、海軍訓練、日美外交談判、夏威夷草裙舞、日機狂炸、美總統宣戰等鏡頭。

紀錄片中大意是：「日本於一九三七年全面攻擊中國，美國對日本施加政治和經濟壓力，試圖解決中日衝突。日本對於這些措施，尤其是石油禁運，極感威脅。至一九四一年夏天，美日敵對立場僵持不下。日本偷襲珍珠港的前夕，一面大耍和談騙局，一面積極備戰，採取了嚴格保密和偽裝欺騙措施，作戰計劃只有海軍最高司令山本五十六，和個別高級官員知道，特意選在一九四一年十二月七日早晨，發動突然襲擊。這天是星期日，許多美軍官兵尚在岸上渡假，珍珠港口上一片寧靜安定的景象，美軍太平洋艦隊的一百三十艘艦艇若無其事的停泊在港內。

「早上七時五十五分前，日機開始轟炸珍珠港。八時十分左右，美軍戰艦亞利山那號的甲板，被一千七百六十磅重的炸彈擊中，引爆了艦首的彈藥庫，九分鐘之內，全艦連同一千一百七十七名官兵一併沉沒。還有七艘戰艦被擊沉或受損。島上的其他設施也遭受攻擊，數百架飛機損毀，數百人傷亡。八時四十分左右片刻停息後，第二批日機飛來，集中大力擊毀戰艦、船塢及機場，以加重美軍官兵的傷亡。由於美機升空還擊，上午十時日機才撤退，偷襲始告結束。

「此次美國海陸軍死傷人數共達三、四二五人，損失飛機一百八十八架，更嚴重的損失，包括八艘戰艦、三艘輕型巡洋艦、三艘驅逐艦等。美國羅斯福總統隨即向日本宣戰。片尾以宣誓的口氣說：『我們忘記當前遇難者，就是忘記我們是什麼人？我們美國代表什麼？』由於這一次的偷襲，終使美國人民團結起來同意參戰了。」

看完紀錄片後，由另一門出，緊接著，管理員指引我們往登船處，並將入場券收回重複使用。搭渡船往對面的白色的亞利山那號紀念堂。戲院座位數目與渡船座位數目相同，沒有爭先恐後現象。走上紀念堂後，先在中央會堂參觀陳列品，旋後從窗外看沉艦的殘骸。再向前走，憑吊刻滿死亡將士姓名的祠堂。看完後，排隊搭下一班渡船回到對岸遊客中心，再走到停車場乘原車離去。全部免費，一貫作業，服務良好，至今記憶猶新。

車行途中，見到路上懸著「歡迎全體榮民（Welcome To All Veterans）」橫幅。也是榮民的我，作了第三次會心的微笑。在車上，導遊開腔了，他說：日軍為什麼把珍珠港弄得那麼清楚，因夏威夷有日本間諜。很不幸的，美軍雷達站已發現一群大批飛機從北方飛近，這訊息被誤認為由美航空母艦企業號派出的飛機，或是一批由美國本土飛來的偵察機，所以沒有採取任何行動。所幸美軍有一艘航空母艦原計劃開來珍珠港，因故延期，還有油庫未炸及，船塢未完全損毀，說來也是天意。

導遊又提到：紀念堂於一九六一年興建，遊客中心於一九八〇年落成。紀念堂的中央會堂，有二十一個窗口，這是代表禮炮二十一響的崇敬。接著又說：許多日本僑民，以「可能叛國」的罪名關入集中營。年輕日裔受鄰人敵意的對待，找不到工作做，因而有六百人自願參加美軍服役，於一九四二年六月組成第一百部隊。一年後，復組成第四四二機動部隊。兩隊人馬同時派到義大利前線，立下汗馬功勞，曾七次獲美總統的公開褒揚和將近六千面的個人勳章。其中有三十六員軍官和六一四名士兵為美國捐驅，另有四千五百人受傷。說時遲那時快，導遊立即要求司機停車，讓我們下車參觀美國軍人公墓。他特別指明西南方的一角，這裡所埋葬的是日裔美人，他們是在歐洲作戰陣亡的。再上車後，導遊如數家珍，一直說著，可是我實在太累了，竟然打磕睡。

車後，回憶憑弔美艦亞利山那號之旅，對錄影片及簡介上所看到的日本侵華戰爭，一直縈迴於腦際。尤其對於日機狂炸的慘烈，濃煙蔽天，不忍卒睹。它的開放日期，除感恩節、聖誕節及新年三天休息外，可說是全年開放。而且開放時間自上午七時半至下午五時，又是全部免費。這些都是很特別的。心想其主要目的為何？我的臆測應是：

(1)**不忘歷史教訓，記取戰爭的殘酷：歷史告訴我們，寬恕邪惡屠殺者的責任，就是**

許可將來可能再出現的屠殺者。忘掉歷史，歷史必將重演。

(2)保持性能優良的軍備，隨時備戰：戰爭是人類爲解決爭端，鋌而走險的最極端、最愚蠢的殺戮行爲。故欲儘量避免發生戰爭，其最好方法，就是讓敵人不敢輕舉妄動。

(3)認清潛在的敵人，提高警覺，先加以防範，使戰爭消弭於無形。期維持永久的和平。

金字塔王國搜奇

最偉大的室外博物館

上古埃及人為何建造金字塔，人面獅身像？現代埃及人為何如此地愛說笑話？如果未曾親臨其境，就很難以理解和體會。

一九九六年春，筆者曾親往位於北非的埃及，作一次搜奇訪古之旅。這個號稱五千年文明的古國，確實有完善的象形文字及繪畫文字，記載古老的建築和藝術，可惜因流傳不久不廣，日後不得不以後起的阿拉伯文為埃及國文。這與中國迄今仍用形體富藝術美的華文不同。而埃及文化更不如我中華文化益顯其光輝燦爛。現在，謹以所見所聞，來描述一些埃及豐富的古文明史跡，和當代的社會風貌。

二月二十五日下午，我從土耳其伊斯坦堡搭埃航客機到開羅。見機場外有兩三堆人蹲在地上說笑話，頗不以為然，這與偌大的國際機場，及豪華設施頗不相稱。專車載我們經市區到尼羅希爾頓大飯店，當晚看到一場婚禮浩大奢華，整個五星級大飯店，竟受喇叭伴奏喧嘩的影響。還有一大群賀客走來走去，拍攝錄影帶，一些官員、紳士、富商、淑女，甚至肚皮舞女、歌星也來助興，將現場氣氛烘托得熱鬧非凡，而賓客也可以在此一飯店開懷暢飲一番。來自臺灣的觀光客不免好奇，也爭先恐後作壁上觀。

翌日早飯後，上遊覽車，清楚地見到市招和路標是阿拉伯文，有時與英文並列。

早於五千五百年前，埃及就成立國家。約五千年前，國王開始建造金字塔。三千八百年前，則改建帝王谷、皇后谷。三千年前，又加建神廟等等，所以世人稱埃及是世界上最宏偉的室外博物館。現在的埃及，橫跨亞非兩大洲，面積約一百萬平方公里，沙漠地區却佔陸地面積百分之九十四。地處非洲東北角，亞洲西南隅。北界為地中海，東鄰以色列，以阿卡巴灣和紅海為界，南與蘇丹交接，西界利比亞。目前世界上有二十一個阿拉伯國家，都信回教，風俗習慣相同。埃及約有十分之一的人信基督教。

埃及的沙漠中，有人住的地方，稱之為綠洲。只有六處，大都是靠泉水、雨水，有些水源來自深長的噴水井——地下水。居民只佔全國總人口的十分之一。但是，埃及也有最擁擠的現代化名勝，如地中海沿岸的海灘，紅海沿岸的釣魚景點和潛水區。埃及人多靠尼羅河為生，可以說，沒有尼羅河，就沒有埃及。

埃及目前總人口約五千萬人，住在開羅（公元九六九年即建城）的，就有一千四百萬。現有五萬多的百萬富翁。極大多數人卻貧困，買不起房子，年輕人也養不起家，不敢結婚。在希爾頓大飯店舉行婚禮的，是百萬富翁的少爺千金，一年難得有幾次。其窮困的遠因，是一直受外族統治，埃及的資源一點一滴地被剝削。近因是人口過多，教育體制不完善，大學畢業找不到合適的工作。據導遊表示，窮小子能做的，就是比手劃腳傳心意，哈哈大笑。埃及人初是低笑、淺笑，然後咯咯笑，最後開懷尖笑。所謂一笑解千愁，其來有自，可追溯到法老王時代，人民只是以說笑來發洩怨氣，這樣心緒才得以平衡。

說著說著，專車已到埃及博物館廣場了，這是一九〇二年興建的。博物館門前，有人像及人面獸身像，牆壁上有幾座站立的雕像。館內陳列巨大的法老王像，木乃伊連同棺木一起，頭冠上刻了死者的容貌。另有重達一百公斤的純金房間、拉丁文碑銘、黑金字塔的銘文頂石、皇后椅轎及化妝間、一座華美的三人組雕像。從突唐卡門陵墓出土的有：棺木上鑲嵌著美麗的金飾寶石、陪葬品的馬車、床鋪、椅子、覆以金葉子的頭墊、雪花石膏做成的燈，以及花瓶、涼鞋、武器等物。此外，還有埃及手工藝品、小雕像等。把古文明物品清楚展示在觀眾眼前，具體地表現出三千多年前的日常生活。接著是阿拉伯、土耳其、法、英等國的入侵，真可說是一個歷盡滄桑的古國，不若中華文化深廣寬厚而長久，魏然矗立於世界。

午飯後，乘原車經過「金字塔路」，直駛世界七大奇觀之首的金字塔及人面獅身像。途中走過雪菲爾大飯店，這就是一九四三年十二月一日羅斯福、邱吉爾和蔣介石三巨頭會議的地方，會中決定收復台澎及東北四省。車子走了一段相當長的沙漠公路，才到了吉薩（Giza）金字塔群停車場，這裡可見三座高大金字塔。其名稱是：左惹階梯金字塔、尤那斯金字塔、泰提金字塔。此外還有幾座小金字塔。左惹階梯金字塔是在四千六百六十年前興建，是一座最古老的金字塔，高度一四六公尺，塔底面積約六公頃，總共用了兩百三十萬塊花崗石，每塊石頭高一公尺，寬兩公尺，長短由一至六公尺不等，平均每塊重兩噸左右，也是世界上第一座用劈削的石頭建造的大型紀念建築。尤那斯金字塔是在四千三百七十年前興建，保存了最早期金字塔內的式樣，堤道已經被挖掘出來，現已開放供人參觀。泰提金字塔興建的年代是緊接著尤那斯，約晚三十年，主因兩王是父子關係。人面獅身像就在金字塔群附近，獅身已出現殘破現象，但仍看得出雕刻的神韻及藝術才華。

導遊引領我們進入一所金字塔內參觀，要彎著腰把頭盡力低下來向下走五十餘公尺，比爬行越南的古芝隧道更長更深。走到密室（靈柩室），只有三坪大，圓頂上保存荷蘭考古學家簽名及所發現的時間。走道兩旁有一些小型陪葬品室。通風設備不良，加上人擠人，真是活受罪，爬出地道後便又覺得值回票價。隨後又參觀了另一金字塔，地下走道兩旁內牆，刻滿了生動的家庭生活情景，包括狩獵、園藝、耕作、音樂和舞蹈等。金字塔從前只在史地書上、廣告片上看到，如今身臨其境，留下了足跡，自有一種特殊的感受。

在金字塔附近沙漠上，頗有置身塞外之感。我們還騎過駱駝在沙漠中行走一圈，真開心。回想起駱駝下跪讓人騎上和放人下來的場面，令我頓生不忍之心。只聽駱駝有氣無力的嘶叫聲，親近它的人會沾到它噴出一些水點。多數觀光客只是攝影以留鴻爪。離開時有一種說不出的悵惘之感。

回程中導遊說，上古埃及人之所以建造金字塔，是因為他們體悟太陽每天傍晚在西方地平線上「死去」，而在翌日清晨從東方天際「再生」，大自然死而復生日日循環不已的現象，便讓他們相信死後還有來生。他們相信人也同樣會復活，且成為一種根深柢固的觀念。因而在古王國時期，其墳墓即用石頭建造，以便永久留存。尼羅河西岸的吉薩大金字塔，就是一項證明。他們盼望來世和今生一樣富有享福，不愁吃穿，所以在陵墓裡刻劃了各式各樣的農作場景、製造過程和娛樂活動，以及個人生活上的點點滴滴。

至於人面獅身像，原來可能代表一個獅形守護神，其頭部是根據卡菲王的臉塑造，後來成了朝聖者膜拜的對象，可以許願還願。木乃伊是為了保全國王的身體，古埃及人相信復活，也相信靈魂會找木乃伊或雕像，因而到處是雕像。導遊表示看雕像也是一門學問，雕像左足在前，表示是人活著時雕的，雕像兩手抱著，兩足並立，表示人已死去。

看過大沙漠上金字塔的壯觀後，不禁要問，這些大石頭從何處運來？據導遊表示，這些大石頭是從埃及南部尼羅河上游，利用每年八至十月河水氾濫時，由木板漂流而下運來的。其劈削石頭的方法，是利用石隙，插入木片，再灌水使木片膨脹而剖開石塊。工匠也是利用這三個月建造金字塔，沒有奴役人民的苛政記載。聽過這番話的人不知其說何據，當然不會滿意，但也無從追根究底。畢竟如何創造這個奇觀？仍是一個謎。

車子有計劃的在一家土風畫廊的門口停下，我們進去觀賞滿店色彩鮮艷的土風圖畫、象形文字，及以動物表示的圖騰等，可見其典雅的象形文字，表現出古代的書法造詣，別有一番情趣。我們買了繪有埃及古文字母代表姓名的紙草留念。那只能說自己知道其代表的意義，是英文字母拼湊的圖象。別人也許會當作一幅年畫看。必須經過解讀，才能享受破解密碼之趣。接著，我們到一個香水廠參觀，古色古香的造型裝飾，表現古埃及建築藝術的風格，各色各樣的香水瓶也是特製的，我們都買了一兩瓶，作為致贈親友的禮品。

下午六時許，抵開羅機場，乘國內班機往南部七百六十五公里之遙的路克索（Luxor），這是中王國及新王國（帝國）時期的首都，一度是個極富裕的城市，商人往來的交易中心。抵路克索，已入黑夜，一進希爾頓大飯店，要走一道防暴門，如臨大敵，晚餐隨便吃了一點，便休息。

二十七日晨，空氣清爽宜人，先乘車、後改乘渡輪到尼羅河西岸，再換乘中型巴士，沿懸崖邊緣蜿蜒而行，到達粉紅色石灰岩山脈下的帝王谷，在朝陽斜照下的古蹟，煞是好看。一路上，只見保守的埃及人民，男女均著長衫，足穿涼鞋或皮鞋。顯然，路克索的人民窮困更甚。在景觀上，總是見到工級服務人員低聲向遊客說：「Money（錢）」。當然，有一些好心的遊客會掏錢。賣工藝品、衣帽及明信片的小販，都以美金一元為單位，據說有些東西要狠狠殺價，才不會上當。

導遊在車上說明，中王國時期的阿梅南海三世（西元前一八〇〇年），開始建造「迷宮」式的陵墓，它比金字塔還壯觀。新王國時期第十八王朝則打破了金字塔的建築傳統，開始把陵墓建在隧道裡，以避免盜墓者的掠奪。同時屍體經防腐處理，製成木乃伊之後，在肅穆的葬禮行列中送往帝王谷，放在石刻的密室（靈柩室）裡。據說法老王身上綴滿黃金寶石，還有許多其他的珠寶，作為陪葬品，以供來生使用。精心裝飾的長廊，通往一個又一個的寢室和假門，直達地下墓地。入口通道繪有文字和插圖，門上盤踞著蛇、鱷魚和其他邪惡勢力，這樣的墓地共有六十二處，結果還是被盜墓者挖空。只有突唐卡門之墓幸運，奇蹟式的未被盜挖，並於一九二二年被考古學家發現。七年後，找出五千多件稀世珍寶，也就是我們在開羅埃及博物館中見過的，三千多年前人類文明的輝煌成就。

下車後，被帶領到一所地下陵墓。一進去，滿壁都是圖畫象形文字、老鷹、蛇等。三千年前置石棺處已有門，後面有陪葬品室，有好多小室雕刻生平紀事，圓頂上有神像，有幾室全畫女人。接著又看一所在位較久的地下陵墓，圖畫用玻璃板隔開，因其在位越久，地道挖得越深，兩壁有許多小室，走道現已改用木板。隨後再參觀皇后谷，只在一塊牆壁上看到一些繪圖雕刻。及至貴族陵，牆壁上都繪有生動的農事、捕魚、獵鳥、宴會享樂等自然寫實的生活情景。雖是走馬看花，但對古埃及人的一些想法，卻留下不少印象。

中午渡船回尼羅河東岸，在一船上進餐，邊吃飯邊欣賞兩岸風景和遊艇。雖不及萊茵河之優美，但感覺上較萊茵河清靜悠閒。飯後，乘車參觀三千年前即興建的世界上最大的路克索神廟。此建築是由內向外興建，先造神殿，繼任的法老王陸續增建壯觀的大道、列柱庭院、大門及其他複雜的裝飾。神廟呈南北走向，入口處，聳立著法老王巍峨的塑像，另外還有兩個二十一公尺高的花崗石方尖碑，其獨特的風格氣宇非凡，是我看得最完整、字跡最清楚的一次。在紐約中央公園、倫敦泰晤士河河堤、巴黎協和廣場、梵諦岡聖彼得廣場、伊斯坦堡、開羅等地均看過方尖碑，都沒有路克索所見的更為親切而富真實感。

導遊說，此神廟有一百三十四根石柱，高十五公尺，我們只是看那種壯闊與高聳的景象，不會認真地數。他指著亞歷山大大帝在這神廟上建造的浮雕，給我們看，還帶我們走進去參觀回教寺及基督教堂。這只能表示多次受外族入侵而留下的歷史軌跡。目前的一片荒落，卻總令人有點感到淒涼。一走出曾經璀璨光芒，而今繁華落盡的神廟大門，外面小販和行人又是那樣的窮困，不免令人感慨萬千，而興滄海桑田之嘆！

下午三時許，搭往開羅的空中巴士，抵開羅機場後，即轉乘專車到尼羅河碼頭，晚上遊尼羅河並進晚餐，一邊吃飯一邊看表演，肚皮舞技遜於土耳其所觀賞的，談不上盡興。想不到一個月後，三月二十七日，埃航劫機事件發生了，和我們搭乘的是同一（由路克索往開羅）班機，害得一百二十三位外國遊客在機上受驚五小時。五十天後的四月十八日，埃及又發生槍殺遊客事件，行兇地點即是我們在二月二十六、二十八兩天走過的「金字塔路」上的歐洲大飯店廣場，十九位希臘等國遊客遭殺傷。如今想起二月底的埃及之旅，再對照五十天內發生兩次轟動國際的事件，覺得旅遊安全也是碰運氣的。

二十八日上午自由活動，回顧一下這座非洲、中東和阿拉伯世界的最大城市。十一時乘車往機場途中，導遊希望我們下次來埃及作六日之旅，可乘遊輪由南部亞斯文溯尼羅河而北上亞歷山卓玩。也可橫越一次西部撒哈拉沙漠到綠洲一遊。但綠洲要碰運氣，有時遇到沙暴，飛沙走石會連續數日阻斷道路，行不得也。大多數人會看到沙漠中的石棺，以及沙漠特有的壯盛氣勢，而認為值得一遊。

事實上，我們已覺此行足矣。對埃及古文明歷經多少滄桑，卻依然如中國萬里長城般睥睨世界，感到欽佩。對現代埃及人民貧富相差懸殊，以及埃及人一笑解千愁的街頭現況等，都留下不可磨滅的印象，甚至如今仍依依縈迴於夢中。中午過後，告別開羅，飛往希臘的雅典，也就結束了三天三夜的埃及古文明之旅。

恐怖的非洲

野生動物在咆哮

小學時曾聽老師說過「非洲好望角」，六十年後，我真的走到好望角上遊覽，遠眺大西洋和印度洋。當然，我絕不是只為去一趟好望角，而奔波勞苦；目的是看看非洲的大型野生動物園，想從它們身上得到一點啓示。經過南非及其鄰國十五天之旅，甚感許多形態優美的野生動物，是我一生最深刻的體驗。現在，就談談野生動物之旅吧！

一九九六年十一月二十八日，我乘飛往南非約堡及開普頓的班機，乘客中大多是白種人，中東人有兩位，黑人只有一位，由此可以想見南非的貧富懸殊。要拉近貧富差距，尚有待黑人總統加倍努力。翌日中午，由開普頓郊區的馬蘭機場乘車往市區途中，即見到一大片貧民住宅，公用水庫、公共廁所，以及低矮灰暗有煙囪的房屋。旋即觀光市區，呈山坡狀的街道，有點像舊金山。在市區背後，是一〇六七公尺高的桌山，山勢雄壯，有點像大峽谷的一景。在市中心店鋪門口，可見白馬王子與黑妞兒親熱的大型彩照，視為時尚，令人莞爾。

第三天上午，暢遊開普頓半島，到豪特灣乘遊艇前往海豹島，觀賞成千上萬的海豹，齊聚在露出水面的礁岩上，印度洋中則有翻滾的海豹嬉戲，外加一串一串的海草，一群一群的海鳥，煞是有趣。這些海豹，生龍活虎地仰首歡迎遊客，更令人心情愉快，興奮不已。但未到礁岩之前的一片腥臭，至今仍難釋懷。原艇開回後，再乘車走M6號公路往好望角，沿桌灣及十二聖徒峰蜿蜒而行。一面依山，一面看海，經過自然保護區，途中曾見狒狒慢吞吞地過馬路，悠遊自在張開毛，好心的司機將車停下，讓我們好好觀賞一番。低窪地的灌木林中有水的地方，也見到一些羚羊和水牛。區內野花遍地，視野寬闊，雖是夏季，斗大的帝王花正在凋零，仍能感到南非的獨特原始粗獷之美。

好望角因位居非洲大陸最南端而知名，實際上海灣東南方約一百六十公里的阿古拉角（Cape of Agulhas），才是真正的最南端。好望角只是突出的一個小山岬，由於天氣不穩定，又有「暴風角」之稱。我登上海岬「角點」燈塔，環行一週，俯瞰大西洋及印度洋交會的浩瀚風光，嘖嘖稱奇，真是人間至樂。

回程經過一所海軍基地，在附近觀賞企鵝，它們大多在岸邊作日光浴，有些正在脫毛，有些站立向人仰望「問好」，像注意人們的談話。行姿美妙，走路像一位穿黑大衣的胖紳士，張羽振翼，令人捧腹。它們在樹林中挖地穴，雄雌一對在地穴中孵蛋，真讓人同情它們所具的危險性，如不保護，將被滅絕。

旋又開車往史特蘭堡，飲葡萄酒，為山坡所圍繞的大片葡萄園，點綴荷蘭開普頓式的白式建築物，一幢幢高雅迷人，露出田野醇美的氣息，放眼望去，盡是難忘的景色。我們在酒廠參觀釀酒過程和品酒活動，並進午餐，餐後各自選葡萄名酒。

第四天上午，前往印度洋濱海區，摩梭灣風景優美，此地為航海家狄亞士及達珈瑪在南非最初著陸之處。參觀古時航海者傳遞書信的郵政樹及鞋狀信箱。下午往養殖鴕鳥聞名的歐次頌，位於花園大道喬治鎮北方五十公里的乾旱高原上。我們參觀鴕鳥生態活動，公鴕鳥黑色，想交配時，兩腿前面變成紅色，母鴕鳥則是棕色。我們先餵鴕鳥食，管理人員警告，不要讓鴕鳥看到鑽戒手錶等，以免啄食。然後分享騎鴕鳥之趣。隨即觀賞鴕鳥競走及騎鴕鳥賽跑。每一對鴕鳥佔地一公頃等，比臺灣居民所佔的土地大得多。我們進入園內，管理人員提一種刺槐枝枒，即把兩隻鴕鳥嚇阻，令我十分驚訝。於是我們便在它們的三角房內作踩鴕鳥蛋之戲。後又走到販售鴕鳥羽毛和皮製的特產店，買了一些羽毛帚。晚上在此享用鴕鳥大餐，品嚐了鴕鳥肉排及炒鴕鳥蛋，味道並無特異之處。

當時員工們有十餘人，特為我們唱了一首華文歌，及兩首英文歌，樂器伴奏，以助酒興。是夜宿歐次頌假日大飯店。翌晨愚夫婦走出大門散步，五個黑人從牆外出現，一人盯梢我們，我們要了一套中國功夫才脫險。兩天前內人走出餐廳，即被兩個醉酒的黑妞攔住索錢，幸司機為其解圍，導遊付錢了事。

第五天上午，乘車往養兔場得知兔毛是抓下的，不是拔的。老兔會吃死小兔，先吃耳朵，有些兔子無耳朵，原來老兔以為它死了，是留下來的遺痕。接著往喬治鎮的「甘果洞」，此洞係於一七八〇年發現，從入口不遠處，即見高約十七公尺的大洞窟，長十七公尺，寬四十八公尺，比金門的擎天崗還壯觀。有一舞台，台左有一個九公尺高的灰白的鐘乳石柱。這裡曾開過音樂會，可容納五千人。再轉往另一大洞窟，有一柱上下相連接，呈現黃、紅、藍三色。第三洞內有魔鬼像，牆上還有一本聖經，地面有一受洗池。第四洞最妙，有一處形成完整的臥房、床等模樣，故稱之為「新娘廳」。第五洞破損，第六洞有一組中空的鐘乳石柱，用橡皮鎚鎚打不同的部位，會發出不同的音響，令人極視聽之娛。甘果洞內有石林、石筍、石杯、石柱等，其形成奇特有趣。下午專車前往野地，搭乘南非最著名的古老森林蒸汽小火車，遊覽大湖及印度洋西岸，沿途風景秀麗，仙鶴從天而降，海濱渡假木屋林立，大草原上的牛群，鐵軌旁嬉戲的小孩。車行兩小時，到達奈斯那（Knysna），別有一番風趣。

第六天上午，乘車走花園大道，中途前往礁湖區觀賞湖與海相連之美景。我們在印度洋濱的山上走木板路，花了半天時間。飯後乘車前往齊齊卡馬國家公園及暴風雨橋，沿途欣賞森林等等，下午四時到伊莉莎白港，此伊莉莎白是市長夫人芳名，不是英國女皇。見到一座小型金字塔，是伊莉莎白長眠之處。

第七天上午，乘班機飛往約堡，在歡樂宮進午餐前，友人伉儷親自趕來歡迎，令我十分感動。午餐後，前往黃金礦城參觀，途中見到梭威托（西南域So We To）貧民區，此處黑人曾發生大暴動，聞名於世。至礦城，其內有昔日黃金礦場之一切設施，乘電纜車深入礦坑二百二十公尺，實際體會黃金開採情景，並有真人演示，其工作之艱辛，令人同情。此行得知，黃金是藏在毫不起眼的灰色帶黑色圓形石粒的堅硬礦石脈中。在博物館內，參觀現場表演，從電氣爐內把已溶解的純金熔液注入模型中，鑄成大小不同的金磚或金條。轉往一廣場，觀賞黃金礦場娛樂性的原住民舞蹈表演及礦工歌舞，音樂節奏以手擊皮鼓為主調，有個人及團體表演，高亢的歌聲和熱烈而粗獷的舞蹈，聊博遊客一笑。

旋即驅車前往遊樂渡假中心——太陽城，只有四個大飯店，並無住户。我們是住豪華大飯店，晚餐後欣賞歌舞表演，魔術彩幻、土遁等，其品味與美國拉斯維加及巴黎紅磨坊的秀場略遜。因為那天太累了，並未玩吃角子老虎。

第八天清晨，參觀太陽城範圍內的著名五星級皇家大飯店及「失落之城」，有仿古廢墟、花園、噴水池、游泳池、雕塑、瀑布、人造海浪、海灘等，夜間高山上還有一座金字塔發光，四週的樹木也很茂密。其現代設備之豪華雄偉與復古風情之寧靜典雅，令人嘆為觀止。與約堡附近的梭威托貧民社區相比，更令人感嘆不已。旋即赴普列米爾鑽石礦場，首先看中文錄影帶簡報，參觀迷你鑽石博物館，見到非洲之星五三〇克拉的複製品和當年留下的照片，以及工業用的鑽石等。管理人員說，目前泰皇有一顆五四〇克拉鑽石，比非洲之星還大。接著參觀聞名於世的鑽石礦場及其開採過程，場內安全檢查十分嚴格，每人發一磁卡，一個一個的進入礦場，放眼看去，地下的小石塊確會閃閃發光。出場時，更須交出磁卡，以兩手壓在放射線台上，檢查有沒有將場內的礦石塊帶出，亮綠燈時表示清白，有一婦人通過此項嚴格檢查，竟亮出紅燈，只好由她自己取出飾物，真弄得賓主尷尬。

下午往南非行政首都——普勒托利亞，首先到東郊山丘上的先民紀念堂參觀膜拜。這是紀念一八三六年波爾人躲避英人統治，向北大遷移的歷史紀念堂，是一座矩形的土黃色巨大建築，圍繞堂外的圍牆上，浮雕著六十四輛團團圍成圈的篷車，表示當時為防禦原住民來襲，而組成的圓形車陣。堂內大廳四周的每一大小牆面上，用純白大理石浮雕著遷徙時的苦難歷史，當時有七十位白人被殺，白人反攻而殺了三千多黑人。向下俯視，可見地下室內有一石棺，上寫著「為了你，南非。」屋頂上有一孔，日光可照射到地下室石棺上，爬上樓俯視地下室的景物，更覺悽然。

穿過市區時，花樹夾道，市容整潔，路面號誌，都非常完善。一到山丘上的行政大廈（總統府），即驚訝其希臘式廊柱的紅色沙岩建築，整潔而壯麗，呈圓弧狀，外觀很美，有兩座對稱的美麗鐘塔和設計巧妙的中庭，大廈正面有紀念碑、銅像等，我們在銅像附近，發現週邊有推車喚賣的小販，深感奇怪，事後得知兩年前白人統治時，嚴禁黑人進入首都，而今不僅黑人滿街走，連小販都侵入「皇宮」了，我們在台階上走上走下，警衛們並不多問，遠眺先民紀念堂，俯瞰市區全景，當然不能與歐美的首都相提並論了。

旋又趕返約堡，到半寶石世界參觀各類寶石礦石，如虎眼石、鐵礦石、紅磚石、血髓石等，並觀賞整個加工過程，自由選購一些半寶石、琥珀、蜜蠟及石瑪瑙等成品。後又到一鑽石商店，同團的一對夫婦花五萬多元買了一隻鑽戒。上車時，在街道旁看到一位白人帶著小孩，舉牌表示「我們沒有工作，沒有飯吃。」導遊說：「有技術的白人，多已移往國外了！」

當晚一位曾經到過史瓦濟蘭、賴索托、辛巴威、馬拉威、波扎那等國的友人邀我晚宴，夜與友人促膝長談，他對上列幾國的印象，他說：「史、賴、辛、馬、波五國的公路差不多，市區街道與人民生活水準也相似。史瓦濟蘭的農業及手工藝品較進步，三天後您去時將會看到我們的農技團和手工藝隊的表現不凡。賴索托是一山地王國，國土均在海拔一千公尺以上，辛巴威有尚比亞河、卡里巴湖、維多利亞瀑布可看。馬拉威有一條以國為名的湖也很出色。波扎那的野生動物保護區也相當大，過夜露營可以體認到真正的非洲經驗。談著談著，話題轉到中非盧安達與蒲隆地的難民了。他說：「中非種族衝突，是由歐洲列強人為劃分殖民地國界所引起的，薩伊、盧安達與蒲隆地三國中的胡杜族與圖西族，都想獨立成為一個民族國家。加上兩族的世仇，因而戰爭不斷。其解決辦法，只有重新以民族分布為劃分基準，才能解除戰亂。」我當即吟詩曰：「殖民時代禍因遺，不顧民情亂劃之；弄得中非仍戰鬥，難民處處世人知。」

第九天上午，前往布萊德河峽谷，波克幸運壺穴，欣賞非洲最美麗的景觀——上帝之窗，隱約可見一百五十公里外的莫三比克，邊境的公路上可清楚見到有汽車行走。下午乘原車前往克魯格國家公園，途經白河（White River）鎮，有在臺灣嘉南省道上行走的感覺。當晚寄宿在野外荒郊的一個草編屋頂的特殊茅屋，與瑞典旅行團同餐共飲，席間聽他們暢談野生動物，一位去過肯亞的仁兄一直說，肯亞的野生動物數量之多，極具代表性，值得一遊。

第十天上午，到克魯格國家公園，道路兩旁的油加利樹很壯觀。進公園之前，路邊有一座克魯格總統的塑像，既不顯眼，又不華麗，公園大門也很簡陋，不若花蓮太魯閣的牌樓美觀。在專車行駛中，沿途真能感受到原野的自然風貌和豪邁奔放。首先發現劍羚凌空躍起，奔跑在沙地灌木及刺槐樹之間。接著看到一群長頸鹿，有幾隻迅速地走到樹後，壯碩的則悠遊地昂首啃食樹葉。長頸鹿公的角無毛，母的角有黑毛，一看便知。又見到一群疣豬，在前面走的第一個尾巴翹起，作指揮狀，實際上後面走的也有翹尾巴的。再見到一群狒狒，那種走路滑稽的模樣，人人都要多看幾眼，據說大狒狒可以擊敗獵豹，還有黑面絨猴六七隻，爬在小客車上乞食。再向前走，看到水池內的河馬，大河馬浮在水中不動，像個小島，小河馬則上上下下的在水面玩水。又在一個水池旁，看到一隻犀牛。不一會，又看到孤孤單單的一頭公象在蘆葦叢中，懶懶地吃著嫩草。據說它是被母象趕出象群，只有交配時才回象群，但獅子不敢攻擊大象。一連看到好幾隻公象都是形單影隻，令人感傷。而母象和幼象在一起，且聽到母象為保護幼象而吼。最令我們興奮的是一群在前面走的水牛和一群在後跟的斑馬穿越馬路，迫使我們的車子停下，原來水牛和斑馬是生命共同體，水牛吃草葉的上部，斑馬吃草葉的下部，它們都是一群一群在一起的。斑馬跑姿很美，尾巴搖得很可愛，使我印象極為深刻。

萬里無雲，晴空如洗，微風輕拂，樹影婆娑。黃昏之前，水池附近看不到動物，禿鷹在空中盤旋。導遊說：這是尋訪獅踪的大好時光。我們真的看到雄獅目光柔和，表情溫馴，一副紳士模樣。母獅眉眼含笑，神態安祥。據說這是它們肚子不餓的表情。但千萬不要大意，如果離開車子，獅子一吼，全身毛管都被嚇得快要豎立起來。縱使獅子不吼，也不能與牠嬉戲，否則會丟掉老命的。

大象、獅子、獵豹、水牛和犀牛，號稱南非五大獸。惟有生性狡猾的獵豹尚未看到。但在約堡的超級市場裡看過電視，很巧螢幕上放映獵豹把獵物拖到樹上的鏡頭，還有一隻獵豹追捕羚羊的鏡頭，獅子來了，豹就跑，爬到樹上，獅在下面仰天長嘆，使我真有一種身歷蠻荒的刺激感受。

導遊說：「獅為森林之王，狡猾裝死，最強悍的豹見到獅子就飛奔的跑。獅吃飽了躺下懶洋洋，獅子盯住獵物就追。雄獅和雄獅玩在一起，只有食和性才找母獅。與動物打架，都是為了搶母的或搶食物。通常雄獅很少獵食，大搖大擺很自在，而是母獅在外攻擊獵殺後，先讓雄獅吃，然後母獅和幼獅吃。雄獅重一百六十公斤，母獅重一百一十公斤。獅子喜歡草多樹低的地方，易獵物。獅在傍晚、大早和獵物時會吼。野外雄獅活十二歲，母獅活十六歲，欄內會活三十歲，獅子老了也沒有子女管牠。」

司機說：「人老了都不好過，可想而知，動物老了，那更難活命了。」他又說：「造訪克魯格公園最好是六至八月，這時草原區乾燥，動物會走到水池邊。」

導遊又補充說：「動物用鼻子用尿認路，大多獸類都是色盲，長頸鹿可認出黃色。斑馬有保護色，使獅子看了會眼花。馬路上可看出有象大便及足跡。目前克魯格國家公園已為野生的鹿、馬和大象注射避孕藥，以防止它們過度繁殖，破壞及多食植物，威脅到其他動物的生存。」

我們專車再向前走，除看到一些相同的動物外，又看到一種跳羚（灰色小羚羊），爬在山丘的石頭上，它是跳上去的，與前面所見的劍羚有別。還有黑臀羚與條紋羚，我可能已見過，因它們跑得快，當無法來識別。回想當天的猴子們也好奇，面對遊客，似乎在問：「喂，你那裡來的？」

晚飯後，導遊又說：「在東非的肯亞是非洲大陸的菁華，也是非洲大陸的縮影。東臨印度洋，擁有最多樣的野生動物。以吉力馬扎羅山為背景的奈洛比野生動物園，通常在黎明時分最為優美，因動物們都已睡醒了。由此向右轉往南行至坦尚尼亞邊界，一路上可看到獵豹在追殺一頭羚羊或是一隻幼獸。因視野寬闊，可看到數公里外的大象群，在洋槐樹邊的池塘，有時也可看到犀牛。而水牛則終日出沒於沼澤地區附近，斑馬在享受「泥浴」。在山丘上，可看到獅子，其獵物多為羚羊、幼象和水牛。水牛一多，獅子也退縮，被咬傷的老弱殘病者，會受到水牛群保護反攻，獅須猛攻兩三次才能得逞。有時水牛會用腳踢倒獅子，獅子裝死，再反過來咬水牛的脖子。」

導遊繼續說：「肯亞與坦尚尼亞交界的馬拉河及維多利亞湖，以及兩國共有的色蘭蓋堤（Serengeti）平原，常見上百萬頭的羚羊每年要大遷移，北越馬拉河進入肯亞，有些幼羚在水中浮沉，母羚不斷地把頭鼻探出水面保護，有些幼羚留在岸上低泣，而成為兇獸的腹中餐。又紅鶴上百萬的在湖內游動，真是一幅令人難以忘懷的奇觀。」

第十一天上午，專車開往斐史兩國邊境，進入史瓦濟蘭王國，一路上山光明媚，至首都墨巴本時，發現路街不多，最高的樓房有八層，我們大使館的建築，充分表現了中華文化特色，一看便知。下午進住盧哥哥（Lugogo Sun）大飯店，除有廣闊的花園外，尚有娛樂中心，高爾夫球場，並有專車免費開往關係企業斯瓦翼（Swazi Sun）大飯店購物，還參觀了娛樂場所和會議廳。晚餐至為豐富，供應牛尾、烤雞等名菜。史瓦濟蘭

加拿大落磯山脈景觀

墨西哥金字塔

辛巴威維多利亞瀑布

摩洛哥首都拉巴特的哈山塔

聖彼得堡雙重凱旋門

萊茵河洛勒萊美女塑像

聖彼得堡夏宮內景御座（龍椅）

萊茵河兩岸的古堡

萊茵河兩岸的古堡和市鎮

海德堡市景

希臘雅典奧林匹克運動場

奧地利維也納皇宮

土耳其特洛伊的木馬

土耳其伊斯坦堡六座尖塔清真寺

伊斯坦堡跨歐亞兩洲的大橋

瑞士琉森湖木橋

芬蘭首都赫爾辛基音樂家墓園

冰島的間歇泉

冰島的地熱溫泉浴池

丹麥美人魚

捷克布拉格的建築景觀

斯洛伐克多瑙河上遊船

比利時的尿童

盧森堡的石橋

十八世紀歐洲水手在海峽口所設置的信箱

一紳士特地走到我面前，表示他來過臺灣，執禮甚恭。

第十二天清晨，驅車南下，在縱貫公路上，見到史國國會和國王陵寢，都很簡樸而平民化。經過我們的大使館、農技團、工業城、學校、糖廠，莫三比克邊界的山脈等。上午十時由哥來那（Golena）出關，繼續南下至斐國動物生態保育區的聖露西亞湖遊覽。此湖是鹹水湖，與印度洋相連，乘遊船尋找動物，看世界上罕見的河馬群徜徉湖中，全湖看到七八處的河馬群，有的不動，有的出水呼吸，有的搖耳噴水，有的流紅汗，比克魯格國家公園所見的過癮。還有多種瀕臨絕跡的沼澤鳥類棲息於湖邊，其狀似鶴，量雖不多，總使我們一新耳目。下午四時許，繼續南下，傍晚抵達經年充滿陽光與歡笑的德班。導遊說：「德班有一百多萬人，印度人比白人和黑人的總和還多。雖然黑人少，但搶劫事件不少。」

第十三天清晨，即走向海洋休閒大道，穿過規劃完備的遊樂設施，令人如同置身邁阿密黃金海岸般，充滿渡假的感覺。走了四十分鐘，返假日大飯店進早餐，餐桌上有一空筒子，有人誤以為丟廢物，實際上是丟小費的。旋即觀光德班市區，體會到燦爛的陽光和蔚藍的天空之美。在印度市場內購物，那種充滿異國的、神秘的宗教的特有印度風情，立刻可以感受到空氣中瀰漫著咖哩味，真夠刺激。後又往植物園及大學城等，遠眺商港的情景。下午專車沿著蔚藍的陽光海岸，經千山谷前往原住民祖魯人村莊，參觀祖魯族以樹枝和茅草編成的茅屋，有主人房，婦幼房兼廚房，其生活很簡單。可娶幾個老婆，在集會時物色女友。又觀賞其民族舞蹈——求婚、訂婚和結婚舞，得知露乳是未婚少女，乳上遮布的是已婚。旋又在其鄰近參觀鱷魚園，有四個水池，養了三十多條鱷魚，其食物是青蛙、蜥蜴、魚、蝦、蝴蝶、蜻蜓、魚卵等。夜宴東方飯店，賓主甚歡。

第十四天拂曉四時半，我們在假日大飯店十六樓一六一三號房，面對印度洋觀日出，朝陽初上，印度洋瞬變的景色，引人入勝，四時五十分，紅日從印度洋中冒出的一剎那景象，艷麗非凡，令我畢生難忘。我在興奮中進早餐，略事休息後，即束裝上車，到市郊一個極氣派的購物中心，觀賞了設計精美的手工藝家用飾品，和英國製的瓷器，總覺得不夠精緻，仍帶有南非獨到的品味。旋即轉往機場，愉快地結束了一次難忘的非洲野生動物之旅。

海水浮顯一城市

阿姆斯特丹的風化區

中學時代讀外國地理，記得歐洲是個遙遠的地方，初三時（國三）正是第二次世界大戰，高三時歐洲正在戰後重建。想想這一生能去一次歐洲，多好呢？來臺後，完成醫學教育，由於經濟起飛，旅遊事業發展，國民所得提高，要去歐洲已不是夢想了。

近十年來，共產世界瓦解，歐盟相繼成立，到歐洲各國暢遊一番，更是垂手可得。我在一年內竟有兩次歐洲之行，同時有兩次阿姆斯特丹之旅。第一次是一九九四年九月，留荷四天，可說是一次深度文化與藝術之旅；第二次是一九九五年七月，留荷兩天。天涯若比鄰，陸海空交通工具、更快、更安全、更新奇、更便宜；旅行更自由、更舒適、更方便。我只花一個多月的時間，便遊覽了十個國家，看到了各國獨樹一格的美感、氣氛及文化特色。雖然事隔多年，仍然勾起許多有價值的回憶。

第一次是乘荷蘭航空班機往阿姆斯特丹，旋即轉機赴匈牙利。在匈牙利停留十天後，再轉回阿姆斯特丹，安排了四天行程；第二次是乘遊覽巴士由比利時首都布魯塞爾轉往阿姆斯特丹，沿途可見荷蘭農村風貌，安排參觀的項目少了一半。為了敍述方便，仍以第一次行程為主。

首日參觀阿姆斯特丹皇宮前廣場，是荷蘭最有名的「水壩廣場（Dam Square）」，也是阿姆斯特丹市的中心區。廣場上，許多人促膝坐在國家紀念碑的石階上。這個巨大白色方尖碑，裝飾著寓意性的雕刻，以紀念第二次世界大戰的陣亡將士。十七世紀興建的皇宮的正面構造，予人一種嚴肅方正的印象。五樓窗頂上的三角楣形雕刻，與外觀相配調和的圓頂八角形塔，均能引人凝視良久。唯一不調和的，就是廣場上有小偷，大多是吉卜賽人，少女更是個中高手。她們多半手中拿報紙或雜誌當障眼物，一女把報紙擺在觀光客的眼前，一女底下小手動作飛快，只需幾秒鐘的時間，就一哄而散。即使想追也不知道該追那一個。我們團員中，有一小夥子年方三十，他的西裝口袋內，美金皮夾就這樣不翼而飛。

接著走進紅燈區小巷看（玻璃）櫥窗女郎，在其他數國尚無此項目。才九月天，斗室內已以電熱器取暖，因站或坐在窗內的女郎，都穿比基尼三點裝。在一條運河兩岸，我們走了十幾條巷弄，晚七時始到一家華人餐館進晚餐。其內部的裝飾中國味濃厚，還有專門為臺灣觀光客打越洋電話的標示，連號碼十四個都寫得清清楚楚，一撥就通。飯後即乘原車到愛丹（Edam）下塌旅社，我們可看到房屋低於防波堤的真實景象。堤岸外的浪一直打進岸上，磚砌的人行道一下子就乾了。而兩層樓房的樓頂卻與堤防同高。如果不是親眼看見，很難相信這麼多「危樓」的存在。此種景觀值得遊客停下腳步，品味一下其獨特的建築風格。

第二天由旅社出發，途中見到一座橋板吊起，我們的車子無法前進，一直等到運河內的船經過，才能將橋板恢復成馬路，開始通車。難怪車在馬路上走會顛跛，原來阿姆斯特丹周圍的土地都是沙洲或水塘填起來的道路。首先到的景點是Buitenveldert，置有兩百多年歷史的風車及畫家林布蘭作畫的銅像。過地下隧道到阿姆斯特丹羅京（Rokin）河街碼頭，便登上玻璃遊艇遊人工運河。走過紳士（Heren）、帝王（Keizers）、王子（Prinsen）等幾條運河，欣賞兩岸優雅住宅的美姿。有些是建於一六一五年、一六六八年。有些屋頂上有一根凸出的樑，被作為升降貨物用。如不是導遊提醒，真是猜不出。房屋的門面很窄，裝飾也不及屋頂的華麗，原來是因納稅以門面的寬度計價，所以都建成狹而深的房子。這整體與水中的倒映景緻，予人留下難忘的印象。還有一些住宅船（

水上人家），與曼谷水上人家的格調不同。它們裝飾得華美，且具有詩意，與古老幽雅的岸上建築，相映成趣。一條遊艇悠游其中，充滿著世外情調。

行駛中，看到一條水道兩旁的房屋浸在水裡，有點像在威尼斯。我們接近阿姆斯特丹外海，即轉向另一條運河道，我正閉目養神，而我們的遊艇竟開到一家鑽石工廠的後門碼頭上岸。穿過鑽石工廠，到附近一家飲食店便餐，隨後回到鑽石工廠品茗，參觀琳瑯滿目的各式鑽石及鑑定鑽石的解説。就在這裡耗了三個多小時。真的有人買了鑽石，而我也累的打瞌睡，被人叫醒了趕上車。到另一家與昨晚同一老板的中餐館進晚餐。下車走往餐館的路上，發現荷蘭的腳踏車很多，而且有腳踏車專用道，與人行道並列。您如果誤站在專用道上，被撞倒了恕不負責。因當天是中秋夜，餐館老板竟弄到兩盒月餅來，引得我們笑逐顏開，飯後上原車回到昨天的旅社。當夜我們看不到中秋月，復在小雨中觀賞一次防波堤及岸旁下的「危樓」，以及人行磚道上，雨後就乾的情景。

第三天上午八時許，沿途觀賞住宅區，每户人家的窗帘格局及花台佈置，都非常整潔美觀。有些故意把窗帘拉開一角，好讓您看到內部陳設的盆景，令人欣然。十時許，趕到梵谷博物館，館方規定參觀一小時，室內不准攝影，只有在入口處壁上的四幅畫像，任人攝影留念。我們是以順時針方向參觀二樓六個階段的油畫，其佈置是一幅一幅的框畫掛在壁上，看到價值四千萬美元的「向日葵」，以及「吃馬鈴薯的人」、「聖殤」、「麥田烏鴉」等作品。在一個展覽室的中間，特別佈置了梵谷窮困時無錢買畫紙，而用已畫過的紙，在反面塗畫的原件二十餘張。一張紙兩面畫，令人不勝唏噓。足見當年梵谷潦倒，連畫紙都買不起呀！我們的午餐就在一樓自助餐廳，所用的餐紙竟也是一些名畫。

下午一時許，從梵谷博物館走出來，步行一點路，就到了國立博物館，參觀時間九十分鐘。首先進入眼簾的是「夜警」名畫，這是林布蘭最大的一幅名畫，只是遠眺而已。按照規定，先從左邊參觀早期荷蘭畫家的作品，接著哈爾斯的作品、林布蘭早期作品、史坦作品、維梅爾作品、林布蘭晚期作品等。這四位是十七世紀全歐洲最富有的畫家，並使荷蘭藝術大放異彩。我們只熟悉林布蘭的畫，細看了「莎斯姬亞肖像」、「荷蘭的理事們」等，面部表情和每人所反應的個性特徵，都表現得維妙維肖。想像與事實的巧妙結合，令人讚賞。到展示「夜警」的展覽廳，終於靠近名畫了。我便走到中間的右側觀賞，這個角度最好。可看到人物栩栩如生，表達出每人特有的心理及個性，都像演員一樣，這是一六四二年畫的，長四點三八公尺；寬三點五九公尺。黑暗與光線具強烈的色彩，其夜晚的景觀，令人有真實感，看得很過癮。

我們轉往馮德爾（Vondel）公園，這是紀念十七世紀荷蘭最偉大的詩人馮德爾。公園長一公里半，面積約五十萬平方公尺。走入公園，即感覺綠色草地一大片，滿園花木扶疏，綠樹臨風，滴翠搖曳，陪襯著大小池塘、水道及噴水池等，予人有養眼怡神之感。園內有馮德爾詩人的紀念雕像，風采神韻，氣質非凡，特別走近瞻仰一番，因我國尚無如此規模的詩人公園哩！約六時許，開往一家中國餐館晚餐，這家餐館設在二樓，內部陳設尚稱雅潔，招待親切，我第二次來遊時，又到此吃午飯，事隔十月，老板娘竟猜得出我曾光臨過，真是一雙生意眼。

第四天上午八時，乘車到近郊畢姆斯特（Beemster）一帶，參觀風車及乳酪工廠。我們被引到一所「貓」風車屋，這是一九〇四年重建的。風車真的在動，裡面的機械咯咯作響，原來在磨碎木材哩！接著走進一家乳酪工廠，設有門市部，這裡的乳酪外面包了一層具保護功能的紅臘，可以購買乳酪成品，大至於上斤的乳酪，小至於小片的奶糖。此地有小橋、流水、人家，另有幾座風車已停用。觀光客可以沿著池塘在人行步道上走一圈，享受大自然的田園風光。但因地勢低濕，總令人有荒涼之感！回程中經過一家華人餐廳進午餐。下午一時許參觀木鞋工廠，這裡製造適用於低濕地面的木鞋，同行的人士買了一些當地紀念品。又到一家皮件店購物後就算全程結束。下午四時許我們趕往機場，搭回臺北的班機而臨空賞月了。

途中，有人在飛機上抱怨未去花卉市場，我則聯想到威尼斯水都的浩瀚，匈牙利詩園的寬廣，曼谷水上人家的龐雜，但都不及阿姆斯特丹的人工運河、詩人公園和住宅船的整潔美觀。上述行程所見，都是荷蘭人的歷史智慧，阿姆斯特丹的文化特色，只有去荷蘭才看得到這些寶藏，絕非他國可以取代。所以希望讀者日後遊歐洲，千萬不要忘了阿姆斯特丹。

阿根廷貝里多摩雷諾冰河上的積冰

火地島與冰河區

阿根廷南部名景

列為世界第八大國的阿根廷，於十九世紀末，將首都布宜諾斯艾利斯重建成巴黎風格，在一九四三年，算是地球上最富有的國家之一。一九五二年，貝隆總統的三十三歲夫人艾娃不幸死於白血病，這時國力才走下坡。一九七三年，經濟再度急遽衰退，與美國媲美的絢爛夢幻宣告破滅，令無數阿根廷人為之扼腕。

一九九七年二月，我到過阿根廷，在布宜諾斯艾利斯所見的「七月九日大道」，雖是世界上最寬闊的街道，但乏善可陳。至於名景伊瓜蘇大瀑布，「展望」雜誌一九九八年四月號已刊拙文，恕不重述，本文僅對阿根廷南部最著名的兩個風景點——冰河區與火地島，一一介紹。

我們乘班機飛往南美最壯觀的冰河風景區，它坐落於阿根廷湖畔的加拉法提村，這也是遊客住宿的地方。村上的機場是軍用的，一切設施從簡。我們下機後，乘中型車經歷一小時的沙塵道路，才運抵簡陋的航空站，只是一個平房，連幾張休息椅子都東倒西歪。又花了半小時才等到行李，再乘兩小時的車子抵達旅社。晚上電燈半明半滅、忽明忽滅，晚餐後便蒙頭大睡。

翌日我們乘遊船逛阿根廷湖，欣賞藍幽幽光芒芒的冰河與浮冰世界，玲瓏瑰麗如水晶宮殿，景色迷人。一片綺麗明淨中，透著與世無爭的簡樸和寧靜。忽見俄製抗冰船，不免感受極地大自然的浩翰奇妙。到處是浮冰，四周環繞著終年白雪覆頂的山峰。看起來阿根廷湖，彷彿充滿了藍綠色的牛奶，隱隱可見湖裏的冰塊，真令人賞心悅目。

我們又到最著名的貝里多摩雷諾冰河，五十公尺高的冰牆、切穿一座湖泊。它終日不斷崩裂，隆隆作響。大塊的落冰、一直從冰河邊緣掉落，激起滔天的浪潮拍擊上岸，崩落時間會持續幾小時，好像一個人在掙扎發抖，令人有「隔海聞炮聲」的震懾之感。這片妙景真是奇異。

在阿根廷湖冰河區，前後觀賞五條冰河。遊船在美如雕塑的湛藍色浮冰間穿梭。緩緩前行時，兩岸是多不勝數的雪峰，逐一映入眼簾，蔚為大觀。安地斯山終年白雪覆頂，冰河是綠、白、藍、黑等色的結晶體，成千上萬顆的層層冰塊，中有一條小河道入湖，白山、綠樹、藍冰、相映成趣，令人目不暇給。因為有豐富的冰水，竟在兩條冰河間蘊育一片廣闊的樹林平原，正著手把它興建成國家公園，房屋與設施倒非常簡陋。樹林內既無像樣的人行道，又無路標或箭頭指示，害得我走錯了地方，被樹根攀倒，跌了一跤，右胸奇痛。六天後回臺北照X光，才知無恙。

後復健行，在堤岸上看到兩條冰河，有時可見一條條的冰簾，在冰簾內可見空隙，日光照射下，像是一盞檯燈，令人感覺是「石室明燈」，此一幻景至今仍留有深刻的印象。

翌日乘班機飛往南美最南端的荒地——火地島（因探險家麥哲倫看到這裏夜間有神秘的火花而命名）。它雖不以優美風景著名，卻能吸引旅客千里迢迢來遊。這裏有嚴寒強勁的南極風，有些人不能適應。我在飛機上向下俯視，所展現的景色真是變化多端，盡是奇峻的花岡岩山，終日陰霧繚繞。氣候可以從寒冷的陰雨，突然轉變成晴空萬里。下機後，導遊說：烏秀亞（Ushuaia）經阿根廷政府大力輔導，已是火地島上一座現代化海港城市，昨天才下過雪，今天又放晴了，唯一不變的，是不停吹拂的強風。

我們徒步沿壯觀的海岸走，踏著迂迴的小徑，經過海綿似的苔蘚，嚴寒的冰水，堅硬的灌木林、荊棘叢，以及曠野上隨強勁風勢而彎曲的歪樹，這些樹都向北歪，成四十五度，形象怪異。臺灣墾丁公園的落山風也有吹歪的樹，頗多相似之處。走到一個小港澳，風力強大，只好遠眺。我們遂在一個標示牌旁攝影留念，藉以證明我們已到過地球的最南端、世界的盡頭。

在布宜諾斯艾利斯開餐廳的臺灣移民談起，一九七〇年前後，阿根廷國民所得是一千多美元，當時臺灣只是數百美元。今天的臺灣人年收入一萬多元，而阿國人民收入遠遠落後，臺灣人有餘力到各國遊覽，實是令人羡慕。

印加古國遺跡

秘魯的馬丘比丘廢墟

對我們來說，秘魯是一個既遙遠又神祕的國家，因納斯卡（Nazca）線條圖、馬丘比丘（Machu Picchu）遺跡、亞馬遜河居民與的的喀喀（Titicaca）湖浮島對世人打響了知名度。但我國人能觀光它四大景點的並不多。

一九九七年一月二十七日至二月五日我的一趟浮光掠影的印象之旅，對這四個景點卻有一些了解，願向國人簡介。本文先談納斯卡線條圖與馬丘比丘遺跡。

由洛杉磯直飛秘魯首都利馬

我由洛杉磯轉乘阿根廷航機直飛秘魯首都利馬Jorge Chavez國際機場。一下飛機，便覺得這個機場並不大，設備還沒有松山機場完善。遊覽車上沿途所見西式的房屋都很陳舊，路上行人極少，許多商店只開一側門或小門。當時適逢日本大使官邸遭暴徒佔據，我們特別請司機開到那裏轉一圈，只見街頭巷口有輕型坦克及軍人站崗，令人感有一股動盪不安的氣氛。

車子旋即開往一個罕無人跡大沙漠，可能是世界上最乾燥的空間。前後開了八小時，才抵達納斯卡鎮。當晚查閱資料，獲知鎮北草原上有一系列的動物圖形、鳥類的素描，以及許多花卉圖案。有些圖形長約三百公尺，很美妙的刻劃在乾燥的沙漠表面上。草原上禁止步行和開車，公路旁有一可攀爬的鐵梯眺望，但無法看清。

趕往印加古國首都庫斯科

翌日我們租用私人小飛機在幾百公尺高空鳥瞰一番，看見數百幅圖形，以對稱的線條排列在五十公里地區內，猴尾鳥頭，維妙維肖，真是驚人壯舉。由於這裏雨天極少，又有一種可以淨化卻不會侵蝕的特殊風颸，遂使這些線條保存達二千年之久。我親眼見到這種遼闊的場面，撼人的景觀，便有一種不可思議的感動，也體會到無窮的樂趣。天然的？人工的？連專家也弄不清楚。

二十九日乘班機趕往印加古國首都庫斯科（Cuzco），下機後，換乘遊覽車，中途下車欣賞披帶鮮艷而比羊略大的駱馬（llamas），婦女們則戴帽子，著亮度很高的彩色毛線衣。當晚下榻旅社，係由老王宮改裝，才下車，便感到地高氧稀，呼吸短促，像快要斷氣似的。一入旅社，大家都搶著用氧氣筒，喝一杯只有三片綠澄澄葉子的古柯茶，這才稍稍興奮起來。晚餐後，睡了一個好覺。

清早乘小火車往馬丘比丘，火車至終站須轉乘遊覽車，才能到高山上的廢墟古跡：神殿、祭台、皇宮、市街、廚房、墓室、梯田、印加御道等。其石材建築的接縫間，雖不塗灰泥，卻連刮鬍刀也插不進去。而陶藝、農耕灌溉的技巧，開採黃金、白銀和銅礦的技術，都令人讚嘆。其確立祭儀與曆法、太陽照射石柱的觀測等遺跡，依舊殘存。這些足以表現當年印加帝國組織力和武力的強大。

印加帝國在十五世紀崛起，惜無文字記載，一五三一年，不幸分裂為二。一五三二年十一月十六日，西班牙軍司令率領一百八十人，邀約印加國王在臨海地區見面，以突襲的方式，擊垮衛隊，擒拿國王，算是西洋的一件鴻門宴。該司令要印加人民拿黃金、白銀來交換國王的生命，結果西軍仍處死國王，印加帝國不久滅亡。追憶這段印加國王「大意失荊州」、荒唐亡國的史實，不禁令人扼腕。

九歲學童識途老馬步行嚮導

離開馬丘比丘古跡後，我遊覽車下山，在返回火車站的行程中，一幕意想不到的情景展現。有一個年約九歲的印加學童身穿紅背心，我們上車時，他在車門口向我們說再見。車子走的是九曲十八彎下坡路，他卻走小徑。車子才轉了兩個彎，他已站在路口揮動著小手，向遊覽車遊客示意。一些遊客投小額美元給他。車子仍在重巒疊嶂中繞來繞去，他竟五次和司機配合得天衣無縫，在拐彎的路口向我們揮手，真是精彩，令人叫絕。半小時後抵火車站，他大汗淋漓，氣喘如牛，滿臉通紅，身上竟揹著一個錢包。看了真叫人感慨萬千，紛紛解囊，內心卻嘆息這些滴著血汗的印加學童，過早地被捲入賺取外匯的行業了。

當晚仍宿老王宮，天一亮，就想看看古都的市集。集內有米、布、豆子、玉米、雜物等，我買了一個熱騰騰的玉米，顆粒大而香甜，至今仍覺口齒留香。再匆匆回顧那些曾有輝煌的印加古文明的殘留建築和街道等設計，便趕乘班機，飛往伊基多斯（Iquitos），探訪亞馬遜河流域的印第安居民了。

定居蠻荒的印第安族人

亞馬遜河原始景象

一九九七年二月一日，由秘魯庫斯科（Cuzco）乘班機北飛伊基多斯（Iquitos），趕到一個不顯眼的碼頭。旅程表上印的是搭遊艇，我們坐的竟是兩條小型機動船，每船載客九人，小馬達發出軋軋聲，在寬闊浩蕩的亞馬遜河上輕飄飄的駛行。我不禁想起蘇東坡的「駕一葉之扁舟」，又想到「行船過渡三分險」，心裡不免毛毛的，萬一遇上食人魚和電鰻，豈不要我的老命？真是越想越怕。小船行進時，真的看見一大群巴掌大的食人魚在水面游動，令人有「落水葬魚腹」的恐怖。船行三小時，有三次撞上漂浮的樹幹或樹枝，七彎八拐才達目的地。竟是一排草房零亂的建在山坡上，連遮風避雨的門窗都很簡陋，且不齊全。

另一條船發動機壞了，延遲一個多小時才拖回，害得我擔心他們被食人魚吃了，或電鰻電昏了而翻船，那真要葬身魚腹了。萬一不幸發生意外，則我們九人的後續旅程——巴西、智利、阿根廷等國就要泡湯了。我們只好一直唸「阿彌陀佛、天主、上帝、主啊、阿拉真主！」保佑我們！

當晚八時在煤油燈下，吃了一頓西餐很難吃，連冷開水都沒得喝。草房內的蚊帳被褥有異味，令人心寒鼻酸。要走很遠的路，經過好幾盞置在路旁的微弱的煤油燈光，才到一個簡陋的廁所，與七十年代的中國大陸鄉間相似。草房既無電燈，當然也無電扇，許多人一夜未眠。有時在屋簷下，聽到色彩繽紛的金剛鸚鵡說話，更增添一分擾人的氣息。

翌日參觀熱帶雨林，這是地球上的一個神秘地域，它和整個地球有密不可分的關連，卻又是一個獨立不願受侵擾的小天地，成為野生動植物的快樂天堂。滿眼是籐蔓叢生的奇特生態景觀，每一株樹，每一棵草，每一枝花，每一隻果實，也和人一樣地爭先恐後，東倒西斜的往上爬，爭取自己接觸陽光與空氣的最大機會。這種景象在宜蘭、新竹、臺北三縣交界的棲蘭森林區裡亦可看到，但不及雨林樹木花草廣博高大。

雨林裡有許多從未見過的昆蟲，我稍一站立，臉上就被蟲咬，痛苦不堪。導遊隨手摘下幾粒花生大的紅果子，捏碎了，抹在身上暴露的部分，看來像乾血漿，真靈光，我馬上就不痛了。有人口渴，摘了一種不知名的植物，讓我們止渴。後來又尋找一株樹，用小刀在樹枝上刮出紅汁，為遊客塗在傷口上，就止痛了。他又尋找一些可治病的植物給我們看。印第安族人以草藥治病，療效甚佳，有些已經由現代醫師證實為治病良方。

中午時分，我們乘小船，駛往住在高架屋內的印第安族人的村落。他們住在四角架高的腐朽木屋內，和棕櫚屋裡，沒有門窗，沒有牆壁，一家五口，蹲在硬蹦蹦地木板上，衣著和用具也是破破爛爛。中國人形容家貧是「家徒四壁」，而他們的家連一壁也沒有。每年七、八月間他們要受洪水之災，有時因淹水影響農作物，或土地荒了，只好另遷他處，仍過著游牧生活。

印第安村落沒有電、沒有自來水、沒有固定廁所，就靠土地上的果殼及魚類而活。向遊客們出售一些食人魚頭殼及粗製的魚皮鼓、布娃娃等。居民無分男女老幼，都是營養不良，沒精打采。有生以來這是我所見的最艱苦的地區，南非黑人貧民區只是沒有電，但還有個固定住所，取公用水飲用。印第安族人之所以如此苦，是由於五百年前，祖先躲避歐洲人而進入叢林深處，獨立於世界文明之外，其境遇像晉朝陶潛的《桃花源記》所寫：「避秦時亂，來此絕境，不復出焉」。

下午四時，再乘輕飄飄的小舟，在一片汪洋的混濁的亞馬遜河上走，心裡仍想起「

千島湖焚船毀屍」事件、食人魚與電鰻等等的駭人魚類。總算上天保佑平安，平生讓我遇見只此一次的有驚無險的旅遊經驗。事後回想，印第安族人大都生活赤貧，而熱帶雨林區內過游牧生活，更是慘不忍睹。實是人類一大悲劇，怎樣解決這一問題，可能是日裔秘魯總統的一項很艱巨的任務。

南太平洋上的神仙島

沒有汙染的紐西蘭

紐西蘭有南、北兩大島，孤懸在南太平洋上，距離最近的澳大利亞約一千九百公里。擁有藍天白雲、青青牧草，極為寧靜的國家，風景具有令人沒有空氣污染，難以置信的自然美。身處其中，悠閒自在，有一股奇妙的感受。一九六九年二月至六月，我曾在這個國家遊學四個多月。當年去過北島與南島，有深刻的印象。一九九五年十二月和家人復有九日之旅，撩起了二十七年前的思緒。現在我先從九日遊說起，然後再稍作補充。

十二月十九夜，由臺北乘長榮班機直飛紐西蘭北島北部的第一大都市奧克蘭，翌日時近中午（時差比臺灣早四小時），在飛機上即可看到兩座美麗的港口及一座海灣大橋，和許多可以游泳的海灘，彩色繽紛的帆船、遊艇與海岸線。一下飛機，即感到空氣清新，日暖如夏，以及臺北人難得一見的蔚藍青天和耀眼的白日，真是一個天然的海上樂園。

略進午餐後，即乘遊覽車觀光市區。先到女王廣場，逛幾家商店和精品店，看到幾棟十九世紀的巨型建築。街道有點高低不平，遊覽過歐美城市的人，來到奧克蘭市區，便覺沒有多大看頭，卻也能欣賞她的平實。旋即爬上艾登山，俯瞰市區全景，再次，看海灣大橋的風貌與華麗的住宅區，以及海港等。

第三日，專車南下威吐摩（Waitomo），觀賞石灰岩洞，洞穴位於崎嶇的山丘下方。起初是步行入洞，洞水很淺，二十多人坐在狹長而平穩的鐵皮小船上，不准出聲，由導遊拉索滑進神秘寂靜的黑黝黝的營火蟲洞穴。我們的頭向上仰，直瞪大眼睛，所見到的，是滿佈不會飛而會吐絲的螢火蟲。在穴頂上看到上萬的淡藍色螢光，好像天象館的繁星點點，而看不清一條一條掛著的絲。據說這種絲是捕捉蟲類的，不是我國農村小溪旁草叢中閃爍飛舞的那種螢火蟲。船滑出洞後，我即吟詩曰：「岩洞舟行四壁空，繁星明滅放光蟲；垂絲引捕昆蟲食，穴頂奇觀天象同。」英國大文豪蕭伯納也曾來此一遊，並盛讚此一奇景，惜未像中國文人一樣的題詩留念。這個地區有典型的毛利村落及灌木步道，午餐費已包括在三十四美元票價內，有點像蒙古烤肉，也不便講究了。

下午轉往羅吐魯阿（Rotorua），這是一個擁有溫泉奇跡的地方，有蒼翠的森林，碧綠的牧草地，以及水晶般清澈的湖泊。專車一路遊覽彩虹鱒魚莊，觀賞數千條彩虹般的鱒魚游來游去。最開心的，是看到一間裝飾成夜晚的屋子，活潑但不會飛的紐西蘭國鳥——奇威（Kiwi），不停地啄著屋內的食物。沿途還看到各種奇花異卉。隨後步行前往彩虹牧場，晚上吃的是硫磺煮熟的飯菜，欣賞毛利族歌舞表演，他們優雅的對唱情歌，或甩動手中的紅、白小球，這對臺灣來的遊客，引不起興趣，因為它和我們原住民九族文化村歌舞性質相似。我去過夏威夷，曾經看過毛利族的男舞者大吐舌頭、捶胸頓足時的震憾力十足的歌舞，這次竟提不起精神觀看。

第四日上午，遊覽土著毛利文化村，有些雕刻相當複雜，以及亞麻織工相當細緻，同時看到泥濘不堪的泥漿池及間歇泉，這是當地土著甚為敬畏的地熱景觀。間歇泉噴出來的泉水高度超過三十公尺，噴出來的水花連續不斷，煞是好看。午餐在紐西蘭第一大湖陶波（Taupo）湖附近，港口如詩如畫，有汽船定時由港口出發，繞湖而行。

午後驅車往首都威靈頓，抵達後，先到維多利亞山頂俯瞰威靈頓全景，蜂窩狀的國會大廈，大碗般的藍藍海港，以及山上的高級別墅區和三角形南極指標等，令人覺得與南極有近在咫尺之感。房屋多是沿海邊及山上建築，類似臺灣的基隆。

第五日上午，由北島南端的威靈頓搭機飛往南島南端的大學城但尼丁（Dunedin），這裡風景壯麗，曾因金礦而成為金融中心，現在也像金瓜石一樣的沒落。我們只在奧塔戈大學園區逛了一下，隨即乘專車前往皇后鎮，寧靜、祥和，湖光山色，美麗壯觀，號稱「小瑞士」，也是購物的好地方。這裡有直升機、滑翔翼、降落傘、高空彈跳等具刺激性的活動，紐西蘭人也都來此作各種運動。這裡還可看到宇宙光，晚間九時至十時的晚霞無限好，晚餐吃到的鱒魚肉嫩味美，至今難忘。

第六日上午，驅車經世界地形奇觀的峽灣國家公園，前往米佛峽灣，這是紐西蘭最可愛，最引人入勝的地方，提供了一處水上樂園，有人戲稱之為「世界第八大奇觀」。我們搭乘特製遊艇，遨遊被塔斯曼海沖激形成的深谷峽灣，兩旁直立高聳的山崖，高達一千公尺，而水底最深處有二百九十公尺。其間尖峭山勢對峙，可見到幾條線狀的瀑布。遊艇走了十六公里，到外海，一望無際的藍天白雲，風浪滔天，贏得一身輕鬆，心曠神怡。遊艇返至碼頭，我們復乘原車向前進。

沿途見到五、六百隻羊群穿過馬路，幾隻聰明而善於奔跑的牧羊犬不能指揮交通，因羊是不懂回頭或後退的，只會向前走，而幾輛汽車均耐著性子停駛，等羊群慢慢過去。在臺灣遊客看來，更增添幾分原始的風情。牧草地上的羊群，遠遠望去，像一個個高爾夫球。我親自目睹這兩種景象，大呼過癮。經過羊群阻車的一幕，我們立即獲得補償。在鄰近的農場上，我們觀摩一次剪羊毛秀，卡嚓卡嚓，一隻肥羊變瘦羊，讓臺灣來客大開眼界。主持剪羊毛秀的人，先將各品種的羊群趕到掛有它們名牌的位置上，並向遊客解說，然後要我們上台餵羊喝奶。待羊兒們喝足了，主持人便開始表演特技。我們正在回味餵羊喝奶的情景，想不到一個圓滾滾的羊，被卡嚓了幾下，已減肥成功，曲線畢露了。我們還把剪下來的羊毛帶回一些作紀念。

第七日上午，前往紐西蘭最高的科克山國家公園，觀賞有南半球阿爾卑斯山之稱的科克山美景，當天氣候良好，每人花美金一百四十元搭乘直升機，可俯瞰紐西蘭最大的冰河奇景。每機除駕駛員外，有乘客六人，只見一片晶瑩漫天的冰層，恍入廣寒宮，如登仙境。人站在冰上，隱隱可聽到足下有格格的聲響。原來冰河是向海洋緩慢移動所致。我們漫步其上十餘分鐘，即登機返航了。

隨後，專車再往特卡波湖（Lake Tekapo），公路蜿蜒穿過一片青銅色的山水，可見這座可愛的藍綠色冰河湖，倒映出四周的山巒。湖濱有用簡單的石頭砌成的好牧羊人教堂，襯著周遭的湖光山色，顯得十分乾淨清爽，非常和諧。附近有一個青銅雕的牧羊犬，神采奕奕，栩栩如生，矗立在人工石堆上，名叫「星期五」，是其主人建立的，以紀念這隻高地牧羊犬，對紐西蘭農業發展的貢獻。一些海鷗飛到犬像上結伴，雖然不甚壯觀，卻也帶來樂趣。人們在微風拂面的湖畔散步，大可心情放鬆一下。傍晚到一小鎮上進晚餐，在一個小屋裡過夜。

第八日上午，專車前往基督城，這是一座充滿英國風味的城市，人行步道很整潔。我們就在這裡享用午餐。映入眼簾的，是一八六四年建築的英格蘭大教堂，四周有良好規劃的棋盤式街道，很引人注目。向前走幾條街，就到了回憶橋及阿文河（Avon River）畔。阿文河如蛇般蜿蜒，流過全城，寬廣的河岸綠草如茵，還有許多加以培植的柳樹等，阿文河上划船觀景，也是一種休閒活動與樂趣。

沿河岸走到植物園，參觀坎特布里博物館，它展示南極洲探險的用具、食物和飛機等，令人覺得趣味盎然。專車旋又轉到市政中心，前面有一座像電扇狀的噴泉，非常美觀。裡面有演講廳、音樂廳、會議廳、宴會廳和餐廳。在餐廳內俯瞰阿文河，那就值回餐費了。基督城內住户多喜歡種花，百花齊放，萬紫千紅，光艷奪目，猶如圖畫般的佈局，令人賞心悦目，笑逐顏開。還有許多花園，開車兜風與散步其間，別有一番風味。我感賦一詩云：「基城無處不栽花，萬紫千紅映各家：艷照衣襟香染袖，感人視作畫圖誇。」隨後參觀了一所賭場，據説是因配合亞洲遊客的興趣才開設的。但對到過美國拉斯維加、大西洋城，以及馬來西亞雲頂高原的人，顯然覺得這個賭場規模小多了。

第九日早晨，由南島基督城趕乘班機飛往北島奧克蘭，再轉搭長榮班機飛返臺北，就這樣，在飛機上過了一天。回到家裡已是午夜了。雖不能安眠，卻充滿了美麗而甜蜜的回憶。

附帶一提的是，二十七年前，我在紐西蘭時，總覺得他們熱愛運動，生活悠閒，醫療制度良好。但景點不如今日的美化與發達。我曾到過奧克蘭動物園，看過奇威鳥和活化石楔齒蜥（Tuatora），以及基督城附近的運輸博物館，從中看到仿古原始的街道、店鋪、馬車等。也到過班克斯半島，這是一個有山有水，風景優美的港灣，花卉繁茂。在阿卡羅（Akaroa），看到一所極簡陋的法國移民博物館，陳列著當年使用的器物，其中以廚具及餐具居多。據說有一位法國捕鯨業者，於一八三八年登陸此地，後又來了六十三人，因而成立法國社區。一幢幢小房舍瀰漫著迷人的風格，讓人感受到真正的法國風味。

記憶猶新的是一九六九年六月，適值我們的敦睦艦隊訪問紐西蘭，那天科克海峽風浪很大，驚險萬分，兩艦與海搏鬥了三小時，才停泊威靈頓港碼頭。第二天，我還和紐西蘭友人一同登艦參觀。那時候，國人已知道在威靈頓猛買羊毛線了。想不到一幌四分之一世紀過去了。由於紐西蘭實行社會福利制度，專業農牧產品出口，而工業成品卻仰賴進口。近幾年來，適逢西方國家限制農牧產品輸入，致使紐西蘭經濟不景氣，幣值貶低了。當年我須花新台幣四十五元兌換紐幣一元，如今只須新台幣十七元。當年奧克蘭已建有十四層樓高的現代化醫院，現在我們反而有二十七層高的大醫院了。此次聽計程車司機抱怨，要想到醫院開刀，須排兩個月隊才輪到，由此可見醫療給付也在縮水。新移民的華人多是家居閒適，打高爾夫球比臺灣價廉。紐西蘭土地面積雖然大臺灣七倍，但人口才三百二十萬，要想做生意賺錢，很不容易，目前只有少數華人在做房地產買賣。

一九九五年七月我在英國倫敦街頭見到一些衣衫襤褸，拿著酒瓶的人，因而聯想到大英帝國無法照顧其「海外牧場」紐西蘭了。若以臺灣與紐西蘭的經濟狀況比較，我真是領悟到「三十年風水輪流轉」，這句至理名言啊！

匈奴後裔今貌

布達佩斯與巴拉頓湖的麗景

一九九七年四月某晚，在台北一次宴會上，席間有美、英、法、德、荷、匈等國文士閒談。主人特別介紹我，說我曾到過許多國家，連荷蘭也去過三次。荷蘭籍仁兄瞄了瞄眾人，指著匈牙利籍趙德恕博士（Dr. Zsoldos）說：「徐醫師諒未去過匈牙利吧！」趙兄回答：「他不但去過，而且停留了十天。」他是指一九九四年九月間的事，想不到一九九八年九月，我又第二次旅遊匈牙利了。

兩次去匈牙利，時間僅隔四年，便看到該國進步實況。首先是機場，四年前的舊機場，還不如台北松山機場的設施，而今新機場已超過南美各國水準。而布達佩斯也出現新風貌。四年前的英雄廣場上，有全副武裝戰士多人值崗，而今已撤離。市區商店門口也增加了美女新花招，令人耳目一新。

九月一日上午，由荷蘭阿姆斯特丹搭機，中午抵達。下機後，即乘旅遊車往布達佩斯。因多瑙河西岸布達與東岸佩斯合為首都，故又稱「雙子城」。首先遊覽西岸布達名景的漁夫棱堡，沿曲折蜿蜒的通道與階梯上去，觀賞氣勢雄偉的鏈橋，遠眺東岸佩斯多瑙河畔的國會大廈，確是不凡。五百公尺長的鏈橋上，有一條人行道，因時間不多，未能徒步走走。國會大廈則模仿倫敦英國國會的建築，投倒影在多瑙河，正像英國國會大廈倒影落在泰晤士河中。寬度是二八〇公尺，外觀裝飾著八十八座匈牙利領袖與將軍的雕像。它有十個中庭，二十九個樓梯和二十七扇大門，內部裝設金碧輝煌。外有多瑙河上的遊船點綴其間。這是遊客們最樂於攝取的壯麗畫面，頗引人入勝。

步行到馬提亞教室。以前它是土耳其清真寺，今重新塑造敬奉聖母。許多國王曾在這裡舉行加冕典禮。但陰暗的窗户透不進幾絲光線。入內部後，發現幽暗中隱藏著極瑰麗的裝璜。石柱、牆壁、天花板，都有豐富的裝飾，壁畫描繪了匈牙利聖徒的生平。堂內置有幾具國王和王后的石棺。

接著，登車往英雄廣場，場中央豎立「一千年」紀念碑，是紀念馬扎爾人征服匈牙利一千週年。上有馬扎爾酋長阿爾帕德（Arpad）騎馬像，並有七名追隨者雕像，極為壯觀。廣場兩側各有一座建築物，是美術館和藝術家之屋，非常引人注目。廣場背後是一座寬曠的和平公園，林蔭大道上遊人如織。前面大馬路，也是車水馬龍。這次來此覺環境美化得比四年前好，廣場上再沒有荷槍實彈的武裝人員，令遊客安心得多。

翌日上午，在東岸佩斯瓦西路購物，因限制汽車通行，我們只得走過寬廣的步道與斜坡路，倒是頻添樂趣。商店門口站立「穿民俗服裝」的美麗少女，招攬顧客，任人攝影，也可無酬合照。下午乘車回西岸布達登蓋勒特（Gellert）山，居高臨下視野極佳，不但可眺望市區以外的遼闊平原，還能把多瑙河蜿蜒穿越平原的景緻盡收眼底。是晚再登山欣賞燈市及橋景，有置身倫敦之感。夜九時半，始盡興下山。

第三日，乘專車前往巴拉頓湖，匈牙利人稱為「匈牙利海」，並自嘲湖上的六艘大型武裝汽艇是「匈牙利海軍」。巴拉頓湖長約八十公里，周圍長約一九〇公里。湖的平均深度約三．五公尺。在太陽光照射下很顯得暖和。但起風時，卻興風作浪。一天二十四小時它隨時變化，令人莫測。我們住在湖北岸鐵漢來（Tihany）大飯店。鐵漢來是一個突出湖面的半島，最高點雄踞巴洛克式修道院的雙塔，塔底是南北兩岸通航的渡船碼頭。大飯店房間佈置新穎，窗明几淨，不需空調，可飽覽湖上風光。帆船與渡輪齊驅，秋水共長天一色，令人心曠神怡。我在這裡住三晚，夜半大風像颱風的吼聲，電線桿呼呼作響，常被驚醒。

四日上午，驅車往巴拉頓湖濱的喬爾基廣場和泰戈爾大道，其間有三座紀念碑及塑像。其一是紀念匈牙利詩人桑多爾·吉士法魯迪（Sandor Kisfaludy），第二座紀念偉大的改革家及整理匈牙利語文家伊斯特凡·塞契尼（Istvan Szechenyi）。第三座是紀念印度詩人暨諾貝爾文學獎得主泰戈爾（Tagore）。這個林園長達兩公里，寬二百餘公尺，遍植樹木，遍立石碑，名為「詩園」。處處可見詩人植樹石碑及紀念塑像，井然有序，並有廣場及人行道。詩人可以申請或受邀植樹刻石碑，永垂後世。

在「泰戈爾大道」上，有泰戈爾親手種植的一顆萊姆樹，他在樹旁的一塊大理石碑上，還留下著名的詩句：

當我告別這個地球時
我的樹屹立依然
讓春天不斷新生的枝葉
輕輕地告訴過客
詩人在世時曾深愛過

其圓環背側是印度甘地題字，我在此攝影留念。是晚在一小型劇院，暢飲一種烈得令人毛髮直豎的當地杜松子酒「巴拉克（Barack）」，大啖特別燒烤的食物，觀賞吉卜賽樂團拉卡托（Lakatos）的表演，其琴藝及雙人舞令人著迷。

第五日，上午參觀住在湖畔的藝術家福紐（Fonyo）書房及所收藏古董，以印度和中華文化居多。連廚房餐廳都放滿。下午參觀湖北岸歷史最悠久的溫泉，据說具有醫療效果。還參觀一所小型博物館及一座教堂，聆聽了一小時音樂會。

第六日，由匈牙利籍友人沙茂士（Szamos）陪同西遊，參觀距鐵漢來三十公里的巴達喬尼山，它像哨兵似的站在一平原的入口處。斜坡上留下詩人桑多爾的兩棟房子；有一棟名為吉士法魯迪之家，現已改裝成一家極受人歡迎的餐廳，視野非常廣闊，有欣賞巴拉頓湖極佳的角度，飽覽此湖西南側的景色。湖面風平浪靜，帆船和漁舟點點。還可見陽光照射在南岸平坦沙地，像滿地黃金似的，景觀相當優美。在其夫人房中設有一座文學展覽館，館中除收藏這位深受巴拉頓湖美景感動的詩人作品文物外，還有其他匈牙利文學作品。我們在這裡進午餐，喝當地出產的西爾瓦納葡萄酒（Sylvaners），有樂器伴奏，食客可高歌一曲，真是酒醉飯飽。

下午乘車趕往西部巴倫哈馬（Pannonhalma）山，參觀學校、教堂、圖書館及地道等。該教堂的寶藏相當豐富，圖書館通常只對學者開放，藏書四萬冊，最古老的書可追溯到十二世紀，用拉丁文寫的。圖書館上下兩層，上層閣樓堆滿了古籍，年輕人已無法閱讀。我們走過一條地道，有點像電影「真善美」中一個修女從地道中奔跑逃出的鏡頭。

第七日，乘車往西北部雙胞胎（Szombathely）市，該市距離奧地利邊界僅二十公里。沿途看到鄉村的房屋，靠近地面的牆角用藍線，經詢問沙茂士兄得知，這是代表家中有待嫁的女兒。我在土耳其往「棉堡」景點途中，也見過鄉村房屋頂上豎立空瓶子，導遊說一個瓶子代表家中有一女待嫁，也有放兩個、三個的，真是各有其「盡在不言中」的美妙習俗。下午到達目的地，由趙德恕兄帶我到街上遊覽，邊走邊談他兒時的情景，令我有相同的感受。

第八日晨，拜訪雙胞胎市市長文納（Wagner），他約四十歲，精力充沛，笑容可掬。接待我們的會議室，有一大壁畫，描述羅馬人入侵的戰況。市政府建築美觀大方，市容整潔，我們參觀一條羅馬古道，可通往奧地利邊境。在這裡，我領悟到「條條大路通羅馬」的含義。當晚接受市長晚宴，八位匈牙利帥男美女，為我們熱情歌舞。

第九日，乘旅遊車返布達佩斯，下午乘遊輪暢遊多瑙河，觀賞西岸布達城堡、山坡，東岸佩斯河濱大道、國會大廈及其他建築。穿過鏈橋、伊莉莎白橋、約瑟夫橋、瑪格利特橋、裴多菲橋等，到多瑙河灣，灣內景色極優美，令人留連忘返。翌日整束行囊，在市區中華樂園餐廳略進午餐後，便趕往機場飛阿姆斯特丹，結束了匈牙利十日之旅。

日不落帝國日落了

倫敦霧城風情

倫敦有最現代化的時尚，又有不可思議的神秘歷史感。蓋大英帝國海上稱雄數百年，且一度號稱「日不落帝國」，是令英人自豪。可惜穹空多霧，建築物籠罩灰沉沉色彩，遊客多少覺得天氣陰暗，影響遊興。抵此城後，不巧我適患感冒，只得走馬看花，小遊古跡。如倫敦塔、白金漢宮、國會大廈、西敏寺、大英博物館、聖保羅大教堂等，記載亦簡。不似遊巴黎、羅馬、紐約了。

倫敦塔前廣場，有幾位身著紅裝的警衛，來回逡巡，守護這些王室御寶。世界最大的鑽石「非洲之星」等等，都豪華展出。附近的塔橋，是倫敦的地標。白金漢宮富麗堂皇之至，遊客可一睹覲見宮、音樂室和御膳室等設施。宮前御林軍換班時，威儀堂堂，甚足壯觀。大道上矗立一尊勝利女神雕像，展開雙翼，這些都顯示出昔日國威隆盛時的痕跡。泰晤士河畔的國會大廈，建築亦極雄偉，可謂馳名世界。

西敏寺在國會大廈對街，達九百年歷史，前有高聳雙塔，甚莊嚴神聖。入寺內教堂前段，就見邱吉爾墓石板，上刻其名。這位二次大戰時的英國超級英雄，早已長眠地下，令人低迴緬懷不已。過去的英王、王后以及牛頓、達爾文、莎士比亞等偉人，都瘗葬寺內。全寺石柱上的雕刻，都出自名家之手，金碧輝煌，美不勝收。

大英博物館是一龐大建築物，有兩層樓，世界各國的歷史文物，全有系統的展出。其中收藏的中國、埃及、希臘與羅馬的文物，最為豐富。我們可以見到五千年的埃及木乃伊。博物館旁的圖書館，藏書千萬冊。國父孫中山先生當年曾在此完成三民主義初稿，我極感興趣，入館、出館，管理員均一一檢查通過。

聖保羅大教堂有造型典雅壯觀的大圓頂，正前面、左右矗立兩座拱尖頂鐘塔，極是壯麗。這是王室結婚的大禮堂，也是電視中常見的鏡頭。

海德公園林蔭茂密，東北角是演說家們對觀眾發表演說之處，任人侃侃而談。警察僅維持秩序，絕對保障言論自由，它最能表現西方民主，值得向世人誇耀。在公園的高聳樹林下，我享受夠了怡靜安詳的氣氛，至今仍覺回味無窮。倫敦大學裡，科技創新和學術研究很發達，可媲美劍橋、牛津。我對倫敦最深刻的印象是，英國社會普遍尊重個人意願和言論自由，這些值得第三世界政治人物學習。

遊客們還可到維多利亞車站，乘地下鐵或巴士至倫敦郊區小市鎮，它們是一些各自獨立發展的村落，有其迥異的地方色彩，到處碧綠草地、水晶池塘，野花遍佈田野，如詩如畫，令人沈浸一片悠閒中。

馬德里哥倫布紀念碑

鬥牛場與亨利王子像

西班牙、葡萄牙速記

我遊西、葡二國，因時間倉促，只能匆匆走馬觀花，速記如下。

西班牙位於歐洲西南端，在伊比利安半島，地勢險峻。首都馬德里，紅磚碧瓦建築，街道寬廣，廣場很多，到處雕像、噴泉，各種造型的出色街燈。大教堂、王宮博物館，則金碧輝煌，陳列王朝遺物、百年古物等等，非常名貴。

鬥牛場在馬德里東北郊外，有一座圓形的四層紅磚建築物，我們匆匆看了一場鬥牛賽。鬥牛開始，先是號角長鳴，穿緊身閃亮服飾的鬥牛士出現，姿勢曼妙，後面跟隨身穿盔甲，手持長矛的騎士，坐在馬上，繞場一週。騎士退場後，鬥牛士全神貫注在牛身上。起初只用紅披肩挑逗或閃避牛的衝擊，然後雙手持兩支利劍插入牛背，不一會，又插兩支，連續三次，共插六支。這時牛痛極狂奔，鬥牛士再用長劍，對準刺入牛的要害。

牛倒地後，由三頭馬車拖出場外。觀賞這一場人與牛相鬥，目睹牛極痛苦而死，真是於心不忍。

葡萄牙

葡萄牙面積狹小，只佔伊比利安半島六分之一。首都里斯本雖花木茂盛，街道卻窄小，且有很多斜坡路，散步頗不便。有些路面只鋪小石塊，兩旁都是紅瓦房。不少房子因火災而重建，新建築相當多。我們從河上看里斯本市區，一大片絳紅色，美極了。

在海邊散佈一些古堡，海水不斷沖擊古牆，堡似在海水上。河畔矗立一座大理石紀念碑，是紀念發展航海事業的亨利王子，碑側浮雕一艘巨船張開大帆，船上屹立亨利王子、皇室人員、隨員和水手們的一座座雕像，供人景仰。海濱景色如此優美，真值得一遊。

回憶葡萄尹、西班牙、英國、曾在海上稱雄，拓展海外殖民地，先後幾達四百年。二次大戰後，殖民地紛紛獨立，三國因而也喪失許多海外市場。今昔相比，往事不堪回首。古人說：「夕陽無限好，只是近黃昏。」西、葡二國可說面臨黑夜沈沈，僅大英帝國尚在黃昏盤桓。

加拿大自然美景總滙

墨西哥的日月金字塔

溫哥華，現代高樓大廈林立，一座座竟像獅子威武。北部背倚洛磯山，層巒疊嶂，森林茂密，常為霜雪所覆蓋。南部有河流與美國華盛頓州相鄰，西邊則面太平洋。它擁有陽光海岸，顯現峽灣之美，有清純潔白的海灘，美景如畫的公園，水光山色之秀，極為迷人。難怪華人樂於來此度餘年。

市區西北，一個岬角上，史坦利公園頗廣大，具大自然原型風貌。園內陳列許多印第安人的圖騰柱，木柱上，雕刻動物、魚類，色彩艷麗。園內有動物園、天然湖泊、花園、森林等，加之繁花似錦，三面環海，仰望雲天，遠眺海洋，實令人心境愉悅。另有峽谷公園，多怪石嶙峋，通過一座吊橋，可進入森林登山區。小山上尚有女王公園，巍峨的山景，波瀾壯闊的海景，同時百花齊放，色彩繽紛，遊人實目不暇給。還有伊莉莎白公園、本那比山頂公園等。溫哥華有此五大公園，足以傲視世人了。

市區東方有中國城，中國餐廳多數是廣東飲茶式，以推車放置不同的點心、菜肴，任客選用。置身其間，我還以為是在香港哩！

洛磯山脈人間仙境

班夫國家公園，以溫泉著稱，班夫鎮在群山之中。我下榻一旅社，在鎮外溫泉浸泡一番。入夜，松風震耳，似在催眠。晨起倒深覺一片新鮮。旋即趕往露意絲湖，山頂有白雲，雲下面有長杉流水。露意絲湖畔，驚見湖水碧綠，色澤動人，像一顆鑲在維多利亞冰河上的藍寶石。有人乘獨木舟遨遊，頻添不少動人畫面。

我們登硫磺山纜車，像坐搖籃，送上二千多公尺高的山頂，從圓形的迴廊玻璃窗中向外望去，俯視班夫鎮四周山頭景色，有一種騰雲駕霧的幻覺。我們車行冰原大道，到洛磯山頂的哥倫比亞冰原。這是洛磯山脈最大的冰原，面積寬達三二六平方公里。一種裝有橡膠輪胎的雪上馬車，載我們入冰原，經過山脊、雪水河道，和藍色山壁的冰河裂縫，舉目四顧，白茫茫的一大片。心裡深恐碰上薄冰，還是有點怕。此行沿途看過幾座名山和名湖，比如十峰山黑白交錯，雪峰疊落，湖水碧綠，明澈如鏡。真感是入人間仙境。

墨西哥融合傳統與現代

墨西哥位於北美洲大陸南部，東濱墨西哥灣和加勒比海，西、南面臨太平洋。在馬雅文化體系上卻與中美洲有密不可分的關係。首都墨西哥市，在二、二〇〇公尺高的高原上，多為紅瓦白牆，長年碧綠，四季花開。有歐式建築、宮殿、廣場、雕像、公園、大教堂、噴泉，和獨立紀念塔等並列，顯現傳統與現代甚融合。憲法廣場上，有許多神殿和西班牙式建築。其革新大道，則多少有點像巴黎香榭大道。

市區設國立人類學博物館，依時間、區域、文明等劃分，讓遊客對墨西哥的歷代文明，一目瞭然。郊外有古代都市、神廟等遺跡，距首都五十公里處，有一古老宮室和廣場，廣場上豎立高聳入雲的磚石高塔，高的是太陽金字塔，低的是月亮金字塔，距首都一百餘公里的喬魯拉（Cholula），還有一座大金字塔，與埃及先後媲美。

在太平洋沿岸的亞加波爾科（Acapulco），周圍約有二十個迷人海灘，岸邊林木繁茂，景色綺麗，可作許多海上活動。這在澳大利亞已見識過，遊興便不很濃厚了。

溫哥華的獅門橋

北非諜影、維多利亞瀑、地瘠民貧

摩洛哥、辛巴威、賴索托

摩洛哥在北非西北角，北鄰地中海，與西班牙直布羅陀相對，最窄僅隔十四公里，乃兵家必爭之地。首都拉巴特，保存了許多歷史古跡，如要塞、城牆、城門、宮殿等。她的清真寺、哈山塔也很有名。可惜清真寺只殘剩一些建築柱腳，哈山塔卻可眺望四周美景。此都市容整齊，街道寬廣，瀰漫一片幽靜氣氛。濱海大道則可悠閒散步，可欣賞落日、觀海浪、聽濤聲，乃人間雅事也。

卡薩布蘭加臨大西洋，是摩洛哥領空的大門，也是重要的貿易港。市區多白色建築物，高樓林立，且有白色摩天大廈，街景相當雅麗。摩洛哥曾是法國殖民地，而法國商人卻是愛享受生活的。舊城區遺有古城牆，亦有聯合國廣場，沿海則有海濱浴場等，附近還有一個超大型游泳池，可以欣賞摩洛哥天生的混血美女哩！

好萊塢天王巨星英格麗寶曼主演的名片「北非諜影」，即在此市拍攝。我曾觀此片，留下深刻印象。今遊此市，一些白色建築重現眼前，倍感新鮮爽目。

·辛巴威·

辛巴威是非洲南部的內陸國，一半以上國土在海拔一千公尺以上。首都哈拉雷建有許多現代化高樓大廈，境內有維多利亞瀑布，幅度寬達一、七〇一公尺，落差一一八公尺，是著名的風景點。此外，瓦基國家公園、野生動物園尚可一遊。

·賴索托·

賴索托是海拔一、五〇〇公尺以上的國家，糧食不能自給自足，人民生活很苦，國土全在南非境內。我們遊覽西部丘陵和中部山路時，曾經過首都馬塞魯，風景尚佳。承南非友人盛情，乃趨車前往辛、賴兩國一遊。我才知道，非洲貧民的處境，實與人為的幾個因素有關。一是天氣太熱，民性較懶散，二是白種人壓迫，三是族群複雜不團結，這才國困民貧。對我來說，也算上了一堂地理課。

俄、德、奧、希、土、瑞等國鳥瞰

一個想週遊環球五十八國的旅客，時間精力畢竟有限，故我遊歐洲俄、德、奧、希、土、瑞士、芬蘭、冰島、丹麥、捷克、比利時等國時，只能學一些「節省家」遊客，匆匆「到此一遊」，行文也只能是鳥瞰風格了。

聖彼得堡皇宮金碧輝煌

聖彼得堡，由尼瓦河（Neva）環繞，兩岸金色建築連綿不斷，極整齊壯麗。河上有上百座橋樑，接通各小島。這景象，有點像威尼斯。冬宮座落尼瓦河畔，正面則臨皇宮廣場。滿目盡是雕像、迴欄、圓柱與窗户。冬宮兩側的博物館，收藏名畫、雕像、古物等珍品，達兩百餘萬件，實在駭人。因時間所限，只看了幾個陳列室。有一幅竟是達文西的聖母像，非常名貴。畫面神態生動，超級大師手筆，確不同凡響。

冬宮、博物館、海軍大樓等建築物，連成一片，在尼瓦河畔形成一連串宏偉壯觀的風景點，遠勝倫敦英國國會大廈及布達佩斯匈牙利國會大廈，遊客們紛紛攝影留念。冬宮附近的廣場上，有半圓形建築，出現一座雙重凱旋門，門上方的雕刻，是一輛戰車與帶翼的勝利之神。

車行一段路，看見一座洋葱形圓形皇宮教堂，甚絢爛艷麗，這是希臘東正教的建築。接著到芬蘭灣邊的夏宮，這座宮殿，依山面海而建，內有大小內宮二十多座，其一是夏宮。夏宮內部陳設，富麗堂皇。其前花園內，有一大群噴泉，四周是上百個金色雕像。草坪上佈滿各色鮮花。風光旖旎，景觀壯麗，不亞於凡爾賽宮。夏宮在聖彼得堡西南方，路程約三十公里。離開夏宮後，我們即乘車返聖彼得堡。

此次遊俄雖匆匆，印象卻很深刻。

萊茵河詩情畫意

萊茵河全長六百九十五公里，流過德國境內。兩岸的都市因它而繁榮。險要之處，許多聳立古堡。從美因茲到波昂，是此河風景最美的一段。一九九六年七月，我由荷蘭阿姆斯特丹往科隆，當日下午遊覽科隆大教堂，在商店買了一瓶世界聞名的古龍香水。

第二天便從科隆乘遊船到美因茲，再轉洛勒萊。船的速度很慢，一面喝啤酒，一面觀賞萊茵河風光，眺望山頭的灰褐式古堡，靜靜地體會到它的幽美。抵達洛勒萊美女塑像處，及昔日收費關卡，這段景色如詩如畫，引人遐思。船上也配合放出洛勒萊之歌，其聲似有點哀怨。

我們離船上岸，改乘旅遊車往海德堡，參觀峭壁上的古堡，看到古堡地下室的世界最大酒桶。兩次經過海德堡大學前的廣場，只見停放上百輛自行車。若不是導遊提醒，我真不知道已到過名聞全球的大學哩！

迷人的維也納森林

我遊維也納兩次，觀皇宮，已在欣賞法國凡爾賽宮之後，興致自然差多了。但奧地利皇宮後面的庭園設計，倒很美麗。四周皆修飾過的花木，一片青翠，頗賞心悅目。一九九五年，我參觀此宮，見有一間中國餐室，陳列中國瓷器餐具，中國風味的餐桌，可以升降，菜盤從樓下直升上來，對面則陳列中國字畫，唯維修不佳，畫邊起毛。一九九八年再去時，這兩間與中國有關的陳列室，已改置其他珍品了。

我去過維也納森林，快到舒伯特紀念館時，道路忽彎曲走下坡，不像在波蘭，往蕭邦故居，是走寬闊大道，心裡自有點疑慮。抵達後，在紀念館正門外，和他的坐姿塑像合影，可說是一種「陰陽文化交流」吧！

【註】奧地利「華爾滋之王」斯特拉茲名曲「維也納森林故事」，曾風靡一時。今遊此林，緬懷名人名曲，不禁令人留連忘返。

希臘——西方文化的故鄉

希臘位於巴爾幹半島南部，愛琴海上有許多島嶼，由她統治。一九九六年七月，我曾遊覽兩個小島，只見古老的房屋和狹小的巷道，具有秀美柔媚的特色。

首都雅典名勝古跡很多，其中以奧林匹克最負盛名。二千五百年前，雅典就在奧林匹克舉行國際競賽，也建有選手村，供各城邦來的運動員居住。規定所有參加比賽的人員，都要忘記人世間的仇恨，公平競爭。

現在的奧林匹克運動場，是在雅典市區內。場地與觀眾席規模不大，但入口有四座奧林匹克紀念碑。一座是歷居舉行的地點，如東京、漢城都列名。一座是歷任國際奧林匹克委員會主席的芳名。還有兩座是描述奧林匹克運動的歷史。

二千五百年前，雅典雖只有七萬人，其建築卻宏偉壯觀，它的高明雕塑藝術，孕育了許多國際名人。最令人崇拜的是斐底雅斯的雕塑藝術，迄今仍是人類文化上的典範，千古不朽。再說，它的蘇格拉底、柏拉圖、亞里斯多德、希波克拉底等大師，更奠定了西方文化、文明思想的偉大基石，萬古流芳。令後人無限崇拜。目前它的衛城山上，希臘神廟雖只剩一堆堆殘柱、塑像和亂石，仍是偉大文化遺跡，值得瞻仰。

土耳其特洛伊的木馬

伊斯坦堡是土耳其的門户和最大貿易港，它由博斯普魯斯海峽，分隔為歐洲區與亞洲區。在世界上，這是獨一無二橫跨歐、亞兩洲的名都。跨洲大橋完成後，人們來往稱便。

歐洲區黃金角南岸發展較早，多知名清真寺、皇宮及歷史建築，千年回教文化風采，及東西文化交流痕跡，處處可見。藍色清真寺、是六座尖塔的圓頂大寺，圓頂牆柱鑲嵌無數藍色彩瓷。每當陽光自天窗射入，眼前即呈一片躍動藍彩。入内必須脱鞋。舊皇宮、蘇菲亞教堂、地下蓄水庫等建築，也較奇特。蘇菲亞教堂原是基督徒興建，牆壁還有聖經故事等雕刻痕跡。回教興盛後，便將其粉刷。一九九六年八月，我參觀時，有些雕刻畫面尚隱約可見。

土耳其南部有一座古城「特洛伊」遺跡，以及由「木馬屠城記」中所複製的木馬，都值得一遊。所謂「特洛伊的木馬」，是荷馬名詩「伊利亞特」中的著名故事。我爬到高聳壯觀的木馬平台上，可眺望整個「特洛伊」平原。雖然廢墟斷垣殘壁，仍可證明「木馬屠城記」千真萬確，曾經發生過。

棉堡是一塊石灰岩地，自然粉白色，煥散著一片白色光輝。由棉花狀的岩石層層疊起，似棉花築成的堡壘，遂構成一大片壯麗的地形。蓄有溫泉水，約攝氏五十度，我曾脫襪下水泡足，而是踏在堅硬無比的岩石上，留下美好的回憶。棉堡在羅馬帝國時代，是王公貴族的渡假勝地。當年的宏偉建築及墓園，已傾斜倒塌，令人浩歎。

瑞士琉森湖風光

琉森（Lucerne或譯盧森），是瑞士中部的著名旅遊勝地，山水合一。琉森湖畔，仍保持中古世紀的一些特色，特別引人的，是那片幽美靜穆的景色。湖上橫貫之字形木橋，三百公尺長，已成琉森標誌。橋中間有一座八角形水塔，拱木橋倒映碧波中。橋內部每一節頂樑上，均有一幅木板畫，內容取自聖經故事，是其最大特色。我和內人步行過橋，發現有一段被火燒過，而以新木材依原貌重建。橋的右岸，是古老商業區，我們未停留，便折返左岸。在現代化的購物大樓，看男士們買勞力士錶。

隨後參觀冰河公園，見各種形狀的冰蝕洞。據説，百萬年前，琉森曾是一塊冰蝕地。獅子紀念碑，是以天然石壁雕刻而成，紀念一七九二年法國革命中，為保衛法王而犧牲的瑞士籍士兵的英魂。乘船遊湖，瀏覽重疊的水光山色，湖面一碧如鏡，頻添幾分嫵媚。

登鐵力士山，參觀冰屋內的冰雕，或走出屋外作高山滑雪活動等等，足夠刺激的。

芬蘭「飛碟」

芬蘭位於斯堪地那維亞半島，東部與強鄰俄國接壤。全國地形是：南北長，東西狹，有大小湖泊六萬多個，俗稱「千湖之國」，實則應稱「萬湖之國」。此國百分之七十以上土地覆蓋森林。每年六月，堅冰才溶化，到處河水淙淙，波濤洶湧，新漆的小船即划行於各小島之間。我曾遊首都赫爾辛基，街道寬廣，明媚清朗，花木扶疏，令人感受很舒服。公園裡坐著老人晒太陽，人們衣著整齊，婦女大多帶小孩逛街散步，顯得悠閒自在。其觀光點有石中教堂，造型突出，外貌圓扁像「飛碟」，室內無鮮明雕飾。有音樂家墓園，六百根銅管構成的樂器，一個怪獸雕柱上雕塑音樂家的人頭像。我雖僅停留一天，但也算大致領略了這個「萬湖之國」的風光了。

冰島的冰火地

冰島位於北極海，是大西洋的門户，歐洲與北美洲的航路要衝，有美國海軍協防。

冰島為一高台地，地形奇突，下層是古老結晶岩，上面則為火山熔岩流所覆蓋。島上冰河及雪野面積很廣，冰雪下卻有兩百餘座火山活動，便形成許多溫泉及間歇泉。看過美國黃石公園的人，對此國間歇泉噴出水柱，興趣不濃，我卻在對面餐廳，一面進餐，一面觀賞。

首都雷克雅維克在夏季尚暖和，但全島林木稀少，樹長不高，連家禽都無法孵育。我住了兩夜，早餐連雞蛋都吃不到。人民多業捕魚，我們台灣吃的鱈魚，就是從冰島進口的。島上多冰河、瀑布、火山地形、地熱溫泉等景觀，休閒娛樂設施也不缺，卻都沒有安全護欄，令人感覺真正貼近大自然。妙的是：炎熱火山與冷僻冰河並存，馬路上仍舖著火山灰，有人便呼稱「冰火地」。

搭機往格陵蘭，飛行一個半小時，可見海上冰山、陸上冰原，居民以獵海豹為主，遊客真是領略到「極地荒寒」空間。

丹麥美人魚

我們由台北乘機飛往北歐，哥本哈根是終點站，也是回程的起點。嚴格說來，我已是兩次遊丹麥了。她擁有四百餘座大小島嶼。全國地勢低凹，六、七月間倒涼爽濕潤。哥本哈根最繁忙的街道，是安徒生大道。人行道上，有一尊安徒生塑像，供人永懷憑弔。其旁為市政廳與著名的提佛利（Tivoli）遊樂場。市政廳右拐角，則是徒步區商店街，遊客眾多，都很悠閒，沒有人擠人，爭先搶後的鏡頭。

丹麥皇宮舉行衛隊交接儀式，雖沒有英國御林軍名氣大，卻也可觀。既然來了，不妨一看。看完了，再向北走，便到海濱公園，欣賞最負盛名的美人魚銅像。她位於港口，羞答答地低著頭，右手支撐著圓形巨石，兩腿後屈，有尾如魚，我便攝影留念。

布拉格的唯美古典建築

遠在十四世紀，捷克首都布拉格，已是歐洲最宏偉的城市，也是哥德式建築的奇跡。這種建築，早成為當代最出色的建築典範，迄今依然保存它近乎純樸的風貌。我雖不懂建築學，但走到橫跨伏爾塔瓦河（Vltava River）的查理四世大橋上，舉目四望，不免驚嘆：這是一座如詩如畫的花園城市。山上一片葱綠晶亮，玲瓏剔透，布拉格獨特的紅瓦屋頂，及高距西岸的城堡高塔尖，在洒金輝煌的陽光下，彷彿透著一片片嫩紅，好看極了。映襯湛藍的天穹，我真不願離開橋，只想多看幾眼。

舊城座落河的東岸，著名建築有聖維特大教堂，雕塑、木刻、壁畫都很講究。它有高聳入雲的哥德式尖塔，像這種尖塔，全市約有一百餘座，令人百看不厭。舊城廣場鄰近的小廣場，有一家廉價咖啡座，透過玻璃窗，可見舊市政廳的天文鐘，典雅優美，準點報時，耶穌十二使徒、在兩扇小窗中出現，別有風趣。此外，我尚參觀猶太博物館、猶太教堂，看見牆上所使用的逆行鐘，其時針、分針走向，正好和我們的鐘相反，令人嘖嘖稱奇。

斯洛伐克古意盎然的城牆

斯洛伐克首都是布拉迪斯拉（Bratislava），城堡的高塔牆壁上，還留有歷代戰爭的彈痕和血跡。此城曾抵抗土耳其人入侵，守城軍士竟以火把和熱水燒燙敵人，而土耳其人此役未得逞。沿多瑙河，我們乘遊船從丹比至戴文（Devin）城堡，欣賞此河風景，並登上一座山頂，上有拿破崙軍隊駐守過的戴文城堡廢墟。居高臨下，遠眺四週數十公里農田及房舍，捷克邊境城鎮，以及水陸通道，令人發思古之幽情。

列支敦士坦的古堡

列支敦士坦位於奧地利和瑞士阿爾卑斯山的高原，面積僅六十一平方公里，人口只兩萬餘人，卻是一個主權獨立的國家。風景優美，國富民安。沒有報紙、電台或電視台，沒有軍隊和海關，只有警察維護交通安全。首府維茲街道寬闊，花木扶疏。該國的收入，靠人民受僱於各項工業，如光學儀器、皮革品、油漆、假牙等，僅小部分收入來自設計精美的郵票。有一古堡聳立青山邊緣，陳設華麗，內藏許多名畫，遊後感到心情十分寧靜。

比利時原子能塔

布魯塞爾的大廣場，寬約一百公尺，長約兩百公尺，四周被中世紀及十七世紀宮殿式建築包圍。每座建築物風格獨特，金碧輝煌，宏偉壯麗。還掛了許多不同的旗幟，光彩奪目，極是生動。市政廳有一高塔，傲視群樓，四周刻許多人像，至為壯觀。廣場上出現許多攤販，整潔有序，倒覺得它們是錦上添花，無礙觀瞻。由此走進一窄巷內，就可觀賞衣著整齊的尿童塑像。

郊外有九個銀白色球構成的原子能，純鋼製成，外包鋁質片。最高的巨球離地面一〇二公尺，相當於三十層樓高，各球間有三公尺的內走道相連接，是一個非常別緻的建築物。九個巨球內，展出對原子能發展有貢獻的人，介紹原子能的用途，以及在南極探險的貢獻等等。在最高巨球內，可遠眺布魯塞爾景觀。

盧森堡的石橋

盧森堡是中歐一個山丘小國。首都盧森堡市原是一個大城堡，建於一千年前。目前仍可看到鞏固的城牆。市區多古老建築及雕刻裝飾，街道狹窄，有些人行道與車道間植樹，風姿綽約。田園、菜圃散佈各處，似城似鄉，令人幾乎留連忘返。

市中心有一座公園，一大片綠油油的草地，加上各形各式的石橋，顯得出奇的壯麗。有一座阿爾道夫橋，長達八十五公尺，宛如兩山間的彩帶。世界造橋專家公認，它是石橋中的佼佼者。我登上好幾座橋，領悟到盧森堡的橋多，與其地勢崎嶇不平有關，造一座橋，兩面就擺平了。

阿聯——沙漠裡的現代都市

杜拜是阿拉伯聯合大公國第二大城，有第一流水準的國際機場、高級公路、和數十層樓的現代化建築。整個都市計劃建設，近似歐美大都會型態，絕對不覺得是置身沙漠國家。

舊杜拜有博物館，及一座由泥沙土磚築成的古堡，陳列古炮、帆船等古物。現在街上可見女人開車，年輕女性不再罩黑紗套，並可在娛樂場所飲酒、跳舞。市招則英文與阿文並列。遠眺沙漠油田噴火的情景，有六個大管子豎立成一線，同時噴出狂烈火焰，濃煙蔽天，氣勢兇猛可怖。

日本佛教徒合掌誦佛經

泰國人妖艷舞

日、韓、菲、泰、馬、澳等國素描

亞洲可遊之風景點，古跡點甚多，限於時間，我也只能走馬看花，匆匆寥書數行。

日本紅葉

日本的大自然盛景，是「春賞櫻花，秋觀紅葉」。各處公園秋景，妝扮得如錦似繡，綺麗之至。一九八四年九月，我遊青森縣境一座湖，只見到處紅葉染紅整片湖畔，紅葉映照清澈湖水，分外予人一份寧靜而悠閒的美感。楓樹、槭樹，或轉黃，或變紅，與四周岩石相輝映，別有一種不同風味。秋來葉紅時，由北到南，連京都和奈良也是一片紅葉勝景。順便遊覽古皇宮、古佛寺，古意盎然。

南韓安重根銅像

在漢城韓國博物館，見許多從慶州地區出土的石造佛像，大多為如來，不但各有風韻，且栩栩如生。這些印象，使我聯想起價值連城的敦煌壁畫，後者的藝術價值，遠超過這些石像。在南山公園，矗立民初在東北刺殺日酋伊籐博文的安重根義士銅像，旁有石刻題字數座，都是華文漢字。如「一日不讀書，口中生荊棘」、「見利思義，見危授命」等，還留有他自己的左掌印。其偉大的愛國情操，真令人感動。韓國所以能復國，全靠這種偉大精神的教育。

慶州古都現是古跡維護區，有「天馬塚」、佛國寺等，保存尚完好，令人發思古之幽情。

菲律賓馬尼拉灣落日

馬尼拉位於大河口，臨馬尼拉灣，是一個又古老又現代化的大都市，處處反映曾受西班牙和美國統治的影響。有幾個島嶼屹立灣口，成天然屏障，景色壯麗。每當夕陽西下，整個馬尼拉灣沉浸於一片金海，艷麗耀眼，如幻似真。此灣落日是世界最著名的風景點之一。

馬尼拉灣正對西方，看那閃爍萬丈光芒的火球，無遮無掩的下沉，火球倏忽不見，

日本秋季滿山遍野紅葉

日本奈良東大寺

南韓慶州佛國寺

南韓慶州天馬塚

南韓南山公園的華文碑

馬尼拉灣落日奇景

曼谷鄭王寺

馬來西亞黑風洞

澳大利亞鄉間公路

雪梨貝殼歌劇院

越南河內下龍灣

寮國首都永珍佛塔

柬埔寨大吳哥

柬埔寨小吳哥

新加坡的夜景

印尼婆羅佛屠塔

印尼棉蘭多巴湖

尼泊爾的市景

巴西嘉年華會美景

巴西嘉年華會美景

玻利維亞首都拉巴茲建在高山上

巴拉圭首都亞松森市景位於巴拉圭河畔

巴拉圭首都亞松森市景

1999年8月製

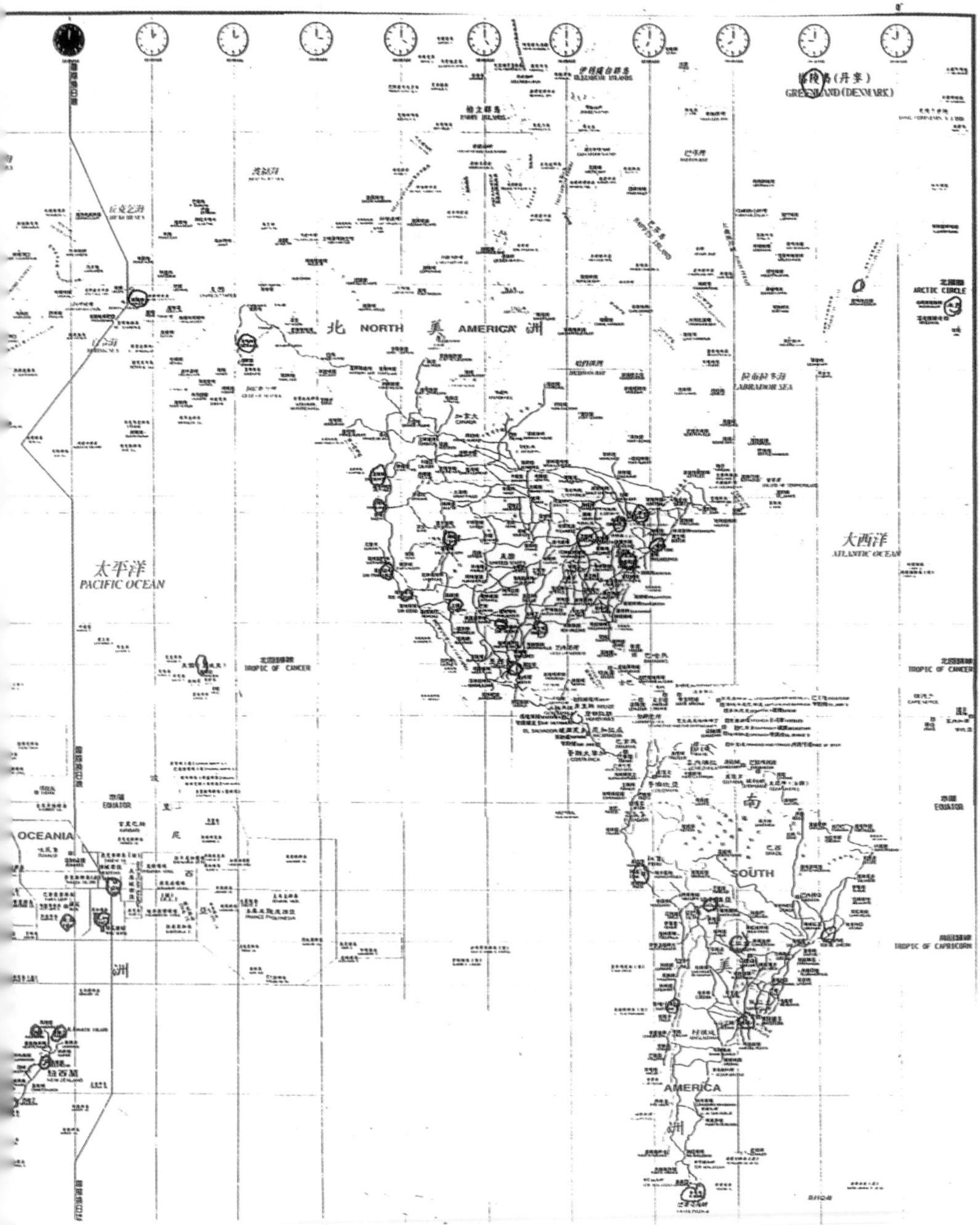
太平洋
PACIFIC OCEAN
北 NORTH 美 AMERICA 洲
大西洋
ATLANTIC OCEAN
LABRADOR SEA
TROPIC OF CANCER
ARCTIC CIRCLE
EQUATOR
TROPIC OF CAPRICORN
OCEANIA
洲
南
SOUTH
美
AMERICA
洲
PARRY ISLANDS
(DENMARK)
加拿大
CANADA
紐西蘭
NEW ZEALAND
FRENCH POLYNESIA

附：環遊世界五十八國示意圖

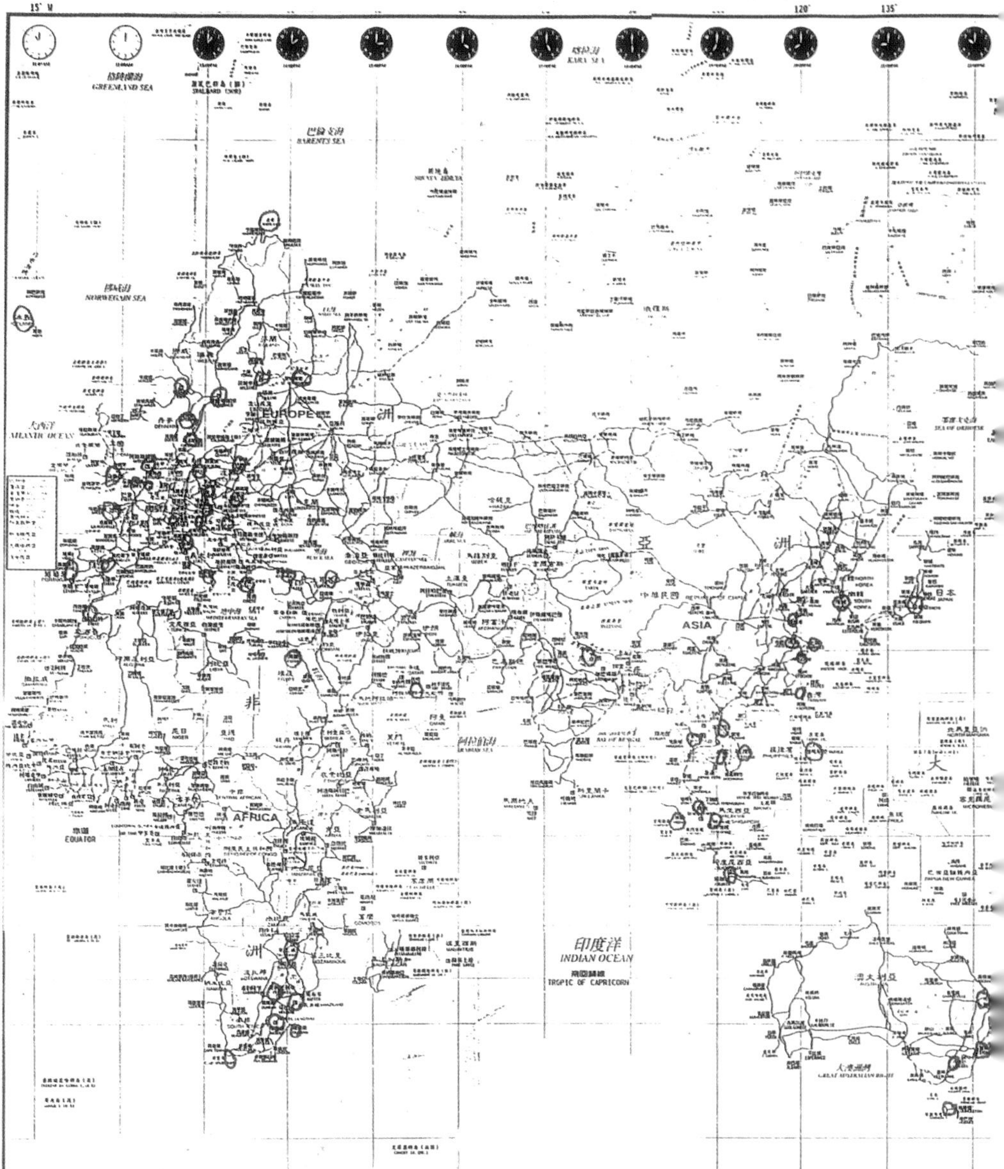

圖中加○紅圈者，表示作者旅遊處

智利復活節島上的茅伊雕像

智利的愛情公園

而千萬道光芒仍從天盡頭灑散開來，變幻成無數旖旎的彩霞，色調不斷變換，映襯海面風帆點點，海鷗飛翔，實是地球奇景。

泰國國王鄭昭

泰國佛寺特別多。曼谷著名的寺廟，有玉佛寺、鄭王寺等。鄭王寺的中間是一個大寺，四周各有一個小寺，寺身全由中國瓷器嵌成，呈尖塔型，中央主塔高七十四公尺，中葬泰國國王鄭昭。他是華人，帶領水師把侵入泰境的緬甸人趕走，被擁為王。寺中還懸掛他的遺像，深受泰國人尊敬。我來此國，內心說不出的喜悅，因泰國華僑和當地人相處融洽，肯解囊相助社區，行義睦鄰，實在是鄭昭精神的延伸。

人妖秀的燈光、佈景均稱一流，節目緊湊，台風絕佳。人妖站在台上，一舉手、一投足，都散發女人味。眼波流動，舞姿曼妙，身材勻稱，雙腿修長。可惜壽命不長，平均不到四十歲。而三十餘歲的人妖，已是滿臉皺紋了。

馬來西亞黑風洞

馬來西亞諸多名勝古跡中，以黑風洞最繞興趣。此洞是天然的鐘乳石洞，在半山，像一頂巨鐘罩下來，真是鬼斧神工，奇麗無比。有聳崎的光、暗二洞。由平地步上五七二級石階，先到光洞，洞內奇岩遍佈，有印度廟，象頭人身蛇神。印度教視為聖地。續走八百多級，即到暗洞，石鐘乳及石筍所形成的各種形狀，隨處可見，頗有仙洞之感。可惜入口上石階，有猴群爭取遊客餵食，周圍環境較髒亂，不甚入目。

澳大利亞貝殼歌劇院

澳大利亞是全世界最大的島，面積七千七百萬平方公里，相當於半個歐洲。一九六九年七月至九月，我在這裡遊學兩月，當時雪梨已有大廈五十層高，頂樓上，有旋轉餐廳進餐，可俯瞰整個市區及部份郊區。乍看起來，此市真像個大花園，而在海港旁的歌劇院，當時其貝殼狀的屋頂已建好，內部正興建。如今，從碧海波濤中，似湧現許多貝殼，揚帆待發，堂皇華麗之至。它是以獨特造型的外貌取勝，名揚國際，遊客們縱無暇入內，只要靜靜佇立外邊，也會感到歌劇院內傳出的樂音。

國王十字街口，是市內燈火最輝煌的區域，有最具氣派的街道，蓬勃的娛樂中心，充滿活力，令人滿意。此區我去過二十餘次，在這裡，我第一次看見人妖（男扮女裝）在街上購物。首都坎培拉、昆士蘭省首府布利斯班、黃金海岸、墨爾鉢花園城等等，我也到過。昆士蘭境內有大草原，白天連火車頭都開燈，以便驅趕獸群。澳國的超然物外的自然情調，至今仍難忘懷。

越南奇景

河內以東，有一世界絕妙景點——下龍灣。它與中國邊界接壤，是許多名勝中最動人的一大奇景。其面積三、八八〇平方公里，滿溢寧靜之美。它有一千多個大大小小石灰岩島嶼，海面突出眾多岩石雕刻，奇形怪狀，相當生動。有許多岩洞，如塘鵝谷、貞女谷、藏木谷等景觀，令人迷醉。洞內鐘乳石和石筍，酷似動物、鳥類和人類形狀，好玩極了。一九九五年二月春節，我和內人來此渡假，至今仍記憶深刻，津津樂道其奇景。

寮國小城

寮國是東南亞唯一的內陸國，在越南西邊，境內多高山、森林。目前開放觀光的地區，是中部湄公河沿岸一帶。首都永珍市，有許多佛寺、佛塔等。其古都龍坡邦，四周被層層山巒包圍，城市小得可愛，卻有王宮、博物館、華通寺等可遊。

柬埔寨吳哥窟

吳哥窟位於柬埔寨（高棉）北部邊境，包含大吳哥和小吳哥。大吳哥的建築，是由無數巨大石塊堆砌，再加上雕刻的四面佛像群組合而成。入口處，不少佛像已被破壞，部分牆壁不支倒塌，只見斷瓦殘垣。總佔地約三公里見方。其中百因廟，有五十四座大大小小的寶塔，每一座都由巨大石塊堆砌，四面全雕成佛陀微笑的臉孔，形成一種頗為奇特的景觀。

小吳哥是世界上最大的寺廟，有五個尖塔。一居中，以迴廊與位在四周的四個尖塔相連接。迴廊上、尖塔上，均刻有豐富多變的莊嚴佛像。層層疊疊，雕樑畫棟，非常雄偉壯觀。倒影映入廟前池塘，水波盪漾，真是一幅絕妙的圖畫。

新加坡——花園城市

一九九六年十一月底，某晚在新加坡下機，即乘旅遊車經市中心往聖淘沙島，只見路燈呈淡黃色，既柔又亮，安全島舖滿綠草，島和路旁種有成行的大樹，令人心曠神怡。翌晨只見街道整潔，綠地是道路的一部分，園景是樓房的一部分，人與植物住在一起。

到處繁花似錦，綠意盎然。市容點綴得清新動人，如置身一座花園。商店招牌以華文為多，感覺上，像是在台北仁愛路敦化南路口哩！

印尼婆羅佛屠塔

印尼的爪哇島中心點，在馬吉郎山坡地帶，有一座用無數大黑石砌起的婆羅佛屠塔，是屬於鐘塔型層疊式建築物。佛塔共七層。整個佛塔的設計，比起印度、緬甸、泰國、柬埔寨、尼泊爾所見的佛塔，相當獨特。據推測，是公元八百年前興建的。十世紀初，由於回教在印尼各地茁起，不再重視佛教，以致雜草叢生，而頂層塌落，浮雕毀損極多。直至十九世紀初，歐人來實地勘察，這才除草挖土，於一八三五年使婆羅佛屠重現。一九六八至一九七三年，聯合國派專家協助整修工程，始恢復舊觀。而今佛塔散發佛光，普照大地，令遊客頻添幾分輪迴感。這是印尼最著名的古跡，也是主要景觀。

蘇門答臘的棉蘭境內，有一座多巴湖，景色秀麗，我受鄭錦和伉儷邀，住宿湖畔兩夜，作「月夜」詩一首：「波平浪靜月光明，湖畔夜燈亮且清；隱隱青山難掩色，人船俱寂只虫聲。」

尼泊爾的火葬

喜馬拉雅山下的尼泊爾，東西長，南北窄，是個多山的國家。首都加德滿都海拔一千三百五十公尺，中央達巴廣場附近有舊王宮，充滿了印度教與佛教的寺廟和佛塔。來此後，可見喜馬拉雅山的純真美色，以及尼泊爾的藝術、雕刻和建築。印度教徒火葬，像野蠻人烤動物，把剛死的親人綁起來，身體用柴草覆蓋著，手腳還露在擔架外面。火葬後，把骨灰洒在河裡，向下游流去。這種火葬，通常在河畔舉行，現今已成為觀光行程的重要項目。遊客可自由觀看，還可拍照。印度恆河附近，也有此種火葬景況。

斐濟、東加、西薩摩亞
——藍天藍海一色

斐濟首都是蘇瓦。東加王國首都是奴古拉發。西薩摩亞首都則是亞畢亞。當年後兩國的部分島嶼，曾是紐西蘭託管地。一九九六年二月至六月期間，我曾在該國遊學，該國某高級衛生官想旅遊上述三國而無伴，便帶我同去。

斐濟位於太平洋西南端，首都蘇瓦，是在維特里島的東南岸，距紐西蘭北島約一千公里，有航空班機來往。市內的博物館和總督府建築頗壯觀。府旁有一公園，森林茂密。附近的海岸，風光明媚，十分綺美。陽光射入海中，海水分外顯得亮麗。一路盡是碧海藍天，椰樹搖曳，甚迷人。土著住茅草屋，屋頂高聳，以草蓋頂，倒是奇妙。據説可維持十年，不怕暴風侵襲。

東加首都奴古拉發的自然景觀，類似維特里島，草屋構造不及蘇瓦，幾乎乏善可陳。

西薩摩亞首都亞畢亞，是在烏波盧島的北岸，距蘇瓦約五百餘公里，有輪艇可往，有航空班機飛紐西蘭。遍地充滿南洋情調。高聳棕櫚、綠草如茵，海岸有美麗景觀，令人心曠神怡。市區道路也很整齊，兩旁有郵局等古老建築。土著以布條圍下體，上身常赤裸，他們住的是圓形椰蕉葉搭蓋的尖頂屋，四周以排簾遮風擋雨。也有和蘇瓦相似的茅屋。我們曾在草屋內休憩、談天，別有一番風趣。

我停留一週，早晚看浩瀚的太平洋上日出和日落。日出時雲光霞彩，如奇峰突然冒出水面，精神不禁為之一振。日落時晚霞滿天，像浮在海面上。日落後，四顧海色蒼茫，不免感到晚風的淒清、寂寞。作此文時，回想三十年前往事，有「白頭宮女説玄宗」之嘆。

她們現在是三個獨立島國，展現其文化的活力和富饒，我倒想再去參觀其新面貌。

據說，斐濟出現一私人島嶼，創辦休閒渡假中心，竟高居全球前十名。它有五星級大飯店、九洞高爾夫球場、騎馬場、舞蹈表演等，著實不簡單哩！

南美風光

巴西嘉年華會

里約熱內盧曾是巴西首都，位於東南部，面臨大西洋，可稱巴西第一大城。它擁有藍色的海洋，新月形的白沙灘，青翠碧綠的公園，層層疊疊的灰色山脈，枝葉扶疏的林蔭大道，整齊有致的歐式建築。來自四面八方的夜晚燈火，將海灘照耀得輝煌炫目。巴西人把海灘游泳，當成休閒活動，也當成一件藝術創作。其比基尼泳裝舉世聞名，布料特少，式樣繁多，富有挑逗、暴露的特性。既性感，又色彩鮮艷，足以表現此城的魅力。

我們到過麵包山，斷崖孤懸，大海前橫，由山頂遠眺水光山色，高樓羅列，非常清新脫俗。基督雕像雄踞七百公尺高的駝背山上，既高且大。兩臂左右平伸，形如十字。我站在雕像腳底，居高臨下，遠眺市區，視野極佳。

一九九七年三月三日，和我國的春節相近。在里約豪華街頭舉行嘉年華會，是全國各階層的全民活動。四天四夜，由許多森巴學校組隊比賽，是巴西象徵性的年度大事。嘉年華會開始，煙火齊放，火光映天。舞者進場，羽毛裝飾的亮晶色調，踩著相同的節奏，翩翩起舞。爆發無限的能量與熱情。通宵達旦，盛況空前。此一樂曲與服裝配合的狂歡場面，顯得別緻有趣。吸引我們熬夜觀賞，終身難忘。在此一全國狂歡的某次盛會中，據云某女瘋狂的與數十男子做愛，成為報端特大的新聞。

玻利維亞的蘆葦浮島

玻利維亞，是南美洲中部的內陸高原國。首都拉巴茲是西部山城，海拔三千多公尺，為南美洲的西藏。我遊此國發生高山症，有輕微反胃徵候，遂喝一杯古柯茶就提神了。

市區廣場有高聳的石造教堂，及一座考古博物館，街道則由滑蹓的磚塊舖成，相當寬大，馬路上有草坪、花圃和人行道。郊外的的喀喀湖，為玻利維亞和秘魯二國共有的邊界。印第安人用草蓋屋，住在湖中的蘆葦浮島上，終日與藍天、湖水為伴，以蘆葦造船在湖上飄浮。湖畔散步，或租一艘小划槳遊湖，飽覽高山湖泊風光，別有雅趣。我們乘豪華水翼船，作湖上兩國遊，更添情趣。

巴拉圭的火燄慶祝

巴拉圭也是南美洲中部內陸國。首都亞松森，位於巴拉圭河畔。市區高樓大廈，類似陽明山下的天母、石牌。主要的景點，有英雄廣場、憲法廣場、天主教堂、國會大廈、博物館、大型公園等。看上去，英雄廣場和博物館，多少有點像巴黎英雄館和羅浮宮的模樣，惟街道稍狹。

該國有女多男少現象。家長深怕女兒嫁不出去，女兒才十六歲，便大宴親友開舞會，邀請鄰近男子參加。有些甚至用擴音器，以廣招徠。

六月間，以火燄慶祝聖徒施洗的誕生，踢火球，走炭火，把猶大掛在旗桿上放火燒，放炮竹，人們躲開火球。這有點類似台南縣鹽水蜂火炮習俗。可惜我無緣親見。

智利的「愛情」公園

智利位於南美洲西海岸，西傍太平洋濱，沿海島嶼星羅棋佈，是世界上最狹長的國家。如阿根廷、玻利維亞等國的鑲邊，其山水靈秀雄麗。

首都聖地牙哥居中部，多現代化建築，人民衣著整潔。有幾座廣場、歷史博物館、大教堂、粉紅色的中央郵局等。有一沿著河道建造的現代化「愛情」公園，點綴花坪，遊客在蜿蜒的步道上散步。園內有好幾座男女相愛撫的塑像，精緻優雅。座椅上的情侶也如法泡製，這是最佳的機會教育。

復活節島上的茅伊雕像，我也看過數座，表現古代人的才華橫溢，這是一個失傳文化的神秘遺跡，至今還無法知道是何人的傑作呢？

遨遊寰宇瑣憶

我在三十年內，曾經遨遊五十八國，與遠祖明末徐霞客花三十年遊歷中國十六省，動機和理念不謀而合。我們相隔三百七十年，由於交通日益發達，世界變小，我的旅遊遠不及他辛苦。我也比他幸運，年齡活得較久（按：徐霞客死年五十六歲）。這三十年中，我充分享受這個世界許多可愛的風景，也享受到屬於自己的美好人生。近五年我曾在好多國家見到一些並不尋常的事，不得不憑記憶所及，略予記述。

在美國首都華盛頓，我看見白人在垃圾箱中撿垃圾，還沿街提著跑。我對美國印象甚佳，曾到過十九州，華盛頓三次，總覺得在首都居住的白人應該很優越，故對白人在垃圾箱中尋寶之事感到新奇。在南美洲的智利首都聖地牙哥，我看見一位衣著整齊的當地人，從垃圾箱取出一罐已開過的可口可樂，竟滿意的喝下去，甚至再搖另一罐。在英國，我見到白人牽狗向遊客索錢。在德國，也有牽狗的青年向遊客低聲說：「能不能給我一點錢？」我對德國印象極佳，這位青年的用意是向遊客索外幣留作紀念，還是因為不願做苦工而真的乞討呢？我倒弄不清了。我想再怎樣富裕的國家，叫化子恐仍是免不了。

在土耳其伊斯坦堡打扮帥氣的青少年，穿著色彩鮮艷的服裝，頭戴高帽，肩背造型可愛的尖嘴大水壺，向遊客賣飲水，很多遊客都樂於掏腰包。在秘魯馬丘比丘廢墟上，當我們上車時，有一年約九歲的印加學童，在車門口向我們說再見。車子走的是九曲十八彎下坡路，他卻走小徑，六次在中途向我們揮手呼喚。半小時後到了終站，他向我們要小費，身上竟揹著個錢包。事後才知這是秘魯專門培訓出來賺外匯的。只要幹滿十歲就會免職。在洛杉磯國際機場，有幾位青年人能操華語，掛著名牌，為國際孤兒募款，遇到中國少女，他也能用華語油腔滑調，右膝跪下求婚。弄得我們啼笑皆非，慷慨解囊。在波蘭首都華沙市區購物中心大街上，面目清秀、衣著整齊的少婦，帶著幼兒跪地行乞，令人憐憫。

在荷蘭及義大利，有吉卜賽人向遊客明偷暗搶，少女更是個中高手。她們多半手中拿報紙或雜誌當障眼物，一女把報紙擺在遊客的眼前，一女底下小手動作飛快，只需幾秒鐘，就一哄而散。即使想追，也不知道該追那一個。一位年方三十的小夥子，在阿姆斯特丹和我同行，西裝口袋內的美金皮夾就這樣的不翼而飛。義大利公路上的商場，吉卜賽婦女一夥兒竟開汽車來明偷暗搶！在奧地利首都維也納，見一青年神偷，在飲料櫥前，以兩眼瞇著孔內有多少輔幣，他丟了兩個輔幣，竟退出了三十多個輔幣，得手後揚長而去。在匈牙利看一次吉卜賽舞，一餐晚飯要付三次錢，歌手走到台下按桌索賞錢，大門口還有人托缽索小費。

在馬來西亞和泰國，我們的護照常被偷竊。一九九四年七月，和我同行的一位男士受過保防訓練，下榻雲頂高原寶塔大飯店，在大廳內竟丟了護照。旅行安全形象一向不錯的北歐，一九九七年六、七月間，旅遊挪威及瑞典的台灣客，在旅社自助餐廳離位取食時，把皮包或行李留在位置上，護照和美金竟被喬裝的歹徒竊走，一連發生數起。在越南胡志明市（西貢），一大群少女向遊客叫「媽媽」、「媽媽，我為妳訂好了。」意思是妳一定要買。在西班牙馬德里獨立廣場上，有被硬搶或暗偷的。如丟了護照，那痲煩可大了，很可能被認為「非法入境」，而把你帶到派出所去應訊。

在北非埃及，阿拉伯人低聲向遊客說：「Money（錢）」。埃及大飯店晚間裝置防暴（金屬探測器）門，進來的人都要走此門，以防攜帶武器的歹徒混入。在非洲西北角的摩洛哥，親見一個孩童把遊客掉在地上的食物拾起來吃。在南非，竟有四、五個黑人圍搶遊客，這種事，海灘上易碰到，連旅社外面都有被搶的可能。有些歹徒甚至持槍，弄得不好，遊客會死於非命。在如此惡劣的環境下，旅客只好步步為營，凡事小心。

在南美洲的秘魯、智利、巴西的大飯店服務生，喜歡台幣，我放在皮箱內的五千元，準備返台北作車資，竟也被竊走了。同行的人，有說損失台幣六萬元。還有放在保險箱內，被抽取美金四百元、美金一百元等等。在巴西，有人的皮包、手錶在路上被搶，歹徒手臂上塗了油，滑溜溜的，你抓不住他，而且他已經把贓物傳遞給另一人了。縱使抓到，在警察面前也是有理說不清。

提起南美洲之旅，至今還餘悸猶存。先談秘魯的亞馬遜河流域，事先我們沒有弄清楚，等到一上船，才知道是一條小型機動船，在寬闊的亞馬遜河上輕飄飄的。當然想到「行船過渡三分險」，心裡毛毛的。萬一遇上食人魚和電鰻，豈不要我的老命？真是越想越怕。船行三小時，才達目的地。另一條船發動機壞了，延遲一個多小時才拖回，害得我一直唸「阿彌陀佛、天主、上帝、主啊，阿拉真主！」保佑我們！印第安部落住在高架屋內，時受洪水泛濫之災。沒有電，沒有自來水，沒有固定廁所，就靠土地上的穀果及魚類而活，向遊客們出售一些食人魚頭殼及粗製的魚皮鼓、布娃娃等。土地荒了，又遷居他處，過的仍是游牧生活。我們過了一夜，蚊帳與被褥有異味，第二天在樹林內真的被虫咬了。我有生以來這是所見的最艱苦地區。南非黑人貧民區只是沒有電，但還有固定住所，取公用水飲用。尼泊爾的貧民排隊向遊客索錢，兒童赤裸裸地挺著大肚子，為了一塊糖許多人搶著要，但還總有一個固定茅舍。黃昏時分，尼泊爾村婦頭頂柴枝回茅舍，也算是頂上功夫。

阿根廷的冰河區，國家公園樹林內既無像樣的人行道，又無路標或箭頭指示，害得我走錯了地方，被樹根攀倒，跌了一跤，伏拜南極仙翁，右胸奇痛，六天後回台北照X光，才安了心。因而聯想到美國迪士尼樂園的無障礙空間，殘障遊客很多，享受和健常的人相同。瑞典的老年人有持特製手杖、助行器或手推車，推車累了可以坐在板子上。我詢問得知是政府福利單位核發的，真令我們欣羨。

澳大利亞、新加坡、日本和瑞士的治安均良好。但澳國人很羨慕我們觀光客，他們想出國旅遊較不容易，可能因平時賦稅重，並無餘錢揮霍。一九九七年二月我在阿根廷，一家中國餐館的老闆，是二十幾年前移民去的。他誇讚台灣的國民所得，由兩百多美元（他移民時阿根廷國所得是一千多美元）躍升到一萬二千多美元，羨慕我們能到各國遊覽，賣給我們的瓶裝水特別優待。紐西蘭的華裔移民住家，已有被竊的紀錄。加拿大的亞裔青年也有搶老人的跡象，治安狀況比以前差些。

嚴肅的事說得太多，現在談些輕鬆的。在奧地利維也納機場上，曾看見一架中型飛機上寫有「瑞」字，覺得很親切，因而聯想到美國洛杉磯春節，好多地方出現「恭喜發財」，馬來西亞中文字「學」滿天飛，新加坡機場上有「歡迎光臨」條幅。捷克日商理光（Ricon）複印機、傳真機廣告牌上有斗大的「思想」二字，上下排列，引人遐思。泰國曼谷機場轉機處泰籍職員用華語「來」、「這裡」、「晚安」等字招呼，令人有賓至如歸之感。說來好笑，一個走遍六大洲五十八國的人，在南韓竟然找不到餐館，原來韓文招牌字類似我國的注音符號呀！但在智利、阿根廷找中國餐館很容易，老遠就看到高牆上有（Chi Fan）兩字。緬甸的商店行號招牌多用緬文，只有少數大街名稱是緬英對照，外來遊客覺得很不方便。日本沿用漢字，我在街上散步時，曾看到「徐行」二字，我便深感親切而耀眼。

在阿姆斯特丹運河旁，有一條街的幾棟樓上，好幾個窗口外掛一面彩虹旗。在舊金山的雙子峰山下，也看過彩虹旗，原來是同性戀住所的標幟。在俄國莫斯科，看到紅場已變成商場。馬克思像的對面竟有資本主義色彩的股票廣告。在希臘雅典的店舖和餐廳工作人員，都是西裝革履打領帶，文雅有禮，街上充滿哲學和藝術的氣氛，令人想到這真是西方文明的發源地。在澳大利亞公路上，可見面目姣好、衣著華麗的年輕女郎在修路，原來她是不願意繳罰款，來做工抵銷的。在東歐過捷克關，進廁所每人須交捷幣三元，好幾個人被攔住進不去，找司機換捷幣也換不出。我便給他美金一元，讓所有的人都可進去「解放」。想不到區區一元竟救了十四個人的急。墨西哥與美國為鄰，如由美西聖地牙哥乘電車到邊境，再步行到墨西哥邊境城市鐵甲拉，不需辦入境簽證蓋入境印，這與進入美國關卡形成強烈對比。非洲的史瓦濟蘭、賴索托、辛巴威、馬拉威等國的首都建築物和街道，尚不及屏東和淡水。比利時布魯塞爾的「尿童」和丹麥哥本哈根港的美人魚，想像中與實際頗有差距，可說目見不如耳聞。

以上雖是一些小事，但可看出這些國家人民的生活和新新人類的想法，以及它們未來將成什麼樣的一個社會。歐洲有些國家謀生不容易，幾位留在台灣從事翻譯的都不想回祖國，主要是怕回去挨餓，其淨收入（除去納稅錢）反比台灣差一大截。有些老外愛在台灣娶妻，因為生活費用較廉，娶祖國的女子就養不活了。這與「台胞」娶大陸妹，有異曲同工之妙。

有人問我，全世界都跑遍了，最值得一遊的是那些地方？我覺得巴黎、羅馬、華盛頓、威尼斯、布拉格、倫敦、紐約等都值得一看。這要自己去感受，才知道好在那裡。德國是一個中規中矩的國家，其觀光設備，令人有安全舒適之感。一到德國國境，頓覺連馬路都比鄰國的厚實而平穩，處理車禍僅十餘分鐘。這時所有車子都排在馬路邊，秩序井然，絕不爭先恐後，投機超車，好讓救護車、拖吊車通過，沒有一人抱怨，充分表現嚴謹守法的精神，真讓我們嘖嘖稱奇。美國藏富於民，充分表現正義、法治和自由，是一個最富強的國家。我到過每一個角落，連新墨西哥州的紅番保留區我都進去過。她的公路、公用設施、大都市的建築物，以及鬼斧神工的自然景觀，都值得遊覽觀光。英國的古堡風光與鄉村景緻，亦頗具特色。這類報導太多，本文恕不贅述。

時代在變，而且變化太快。現在是電腦時代，隨時要吸收資訊，充實自己。環遊全世界，拜訪地球上的任何一個角落，只要有錢有閒與身體健康，垂手可得。我僅僅花了四年時間做到了。看過午夜太陽、熱帶雨林區、野生動物區、大冰河、大沙漠、大峽谷、大瀑布等自然景觀，深知人與大自然比，人放在地球上，只不過宇宙歷史上微不足道的一瞬間。我環遊世界，走過許多有驚無險或險象環生的地域，回想起來，僥倖尚能撿回一條老命。今天的我，最大的改變，是絕不計較得失，別人若有欺侮我的言行，我不再像以前必要討回公道。我處事更是謙遜，時時積極地以開闊心胸，來愛周遭的人，更加尊重他人。我感謝上天把我生存在全球最肥沃、最壯麗的中國南方土地上，我一定要在有生之年，盡心盡力服務人群！

跋

早期出國，我都是遊學、考察，或參加會議。一九九四年出去觀光，也只是一種渡假休閒，或到海外造訪親友，從未想寫一本旅遊專著。同年秋，我在匈牙利停留十天，將所見所聞所感綴成短文，經名作家周伯乃兄刊載於「實踐」。接著，他又發表拙文「古芝隧道」，並鄭重對我說：「世澤兄，你儘可以多遊，盡量多寫，將來我為你出專集。」經他鼓勵，我真的開始大遊大寫了，冬天我往南走，夏天我向北飛。三年內，出國二十次，旅遊五十餘國，所寫的文字，他當真連續刊載於「實踐」，達三年半。

一九九八年春，拙文影印成冊，深獲大作家無名氏（卜寧）公賞識，願為此冊校訂。並推介「展望」雜誌（發行人卜幼夫先生）及報紙刊載，連續發表十餘篇。一九九九年夏，兩本著名刊物所載，足可集印成書，實為平生一大快事。

此書詳描七個國家、四大都市、九大風景名勝，及三個特殊地方。並配彩照一百餘幀。至於其他國家，因時間太匆促，只好將著名景點，作一代表性的介紹。為了方便翻閱，特製一簡表及一世界地圖，註明「文在某頁，圖在何方。」這些將是這本書的特色。同時，為配合書名，特作「擁抱地球」新詩一首，略述其重點：

我
雙目穿越萬里電波
擁抱地球
隨心所欲的
躍動、飛翔、漂流在海天之間
讓心靈昇華

我
接觸過不同的人種、族群
越過北角、洛卡岬、好望角
　火地島、阿拉斯加
看過大冰河、大峽谷
　大瀑布、大沙漠

熱帶雨林、鐘乳石洞
午夜太陽等美景奇觀

我
走過風、走過雪
險象環生
勇猛馳騁
把地球作一番全新的探索
編織成閃爍的生命
地球啊
你擁抱我
我也擁抱你

此書復蒙無名氏公熱心校訂，命名「擁抱地球——五十八國名景掃描」，文題修飾，加賜序言。我生何幸，得此知遇？令我萬分感激。

我還要感謝文史哲出版社彭正雄兄策劃，內人全秀華及曉儂支持我，她們夜以繼日校對，得以順利付梓。最後，希望讀者諸公多多指教！

徐世澤 一九九九年八月於台北

附錄

環遊世界五十八國名景簡表

一九九九年八月製

洲別	國名	城市名	年代	累次	備考
亞洲	日本	東京等	一九八二		文見二三七頁，圖見二三九頁
	南韓	漢城等	一九九七		文見二三七頁，圖見二四〇頁
	菲律賓	馬尼拉	一九六九		文見二三八頁，圖見二四一頁
	越南	河內等	一九九五		文見一〇六頁，圖見一一二頁
	〃	〃	〃		文見二五七頁，圖見二四五頁
	寮國	永珍等	一九九五		文見二五七頁，圖見二四五頁
	柬埔寨	金邊等	一九九四		文見二五八頁，圖見二四六頁
	泰國	曼谷等	一九九四，一九九五	兩次	文見二五五頁，圖見二四二頁
	馬來西亞	吉隆坡等	一九六九，一九九四	兩次	文見二五五頁，圖見二四三頁
	新加坡	新加坡	一九六九，一九九六	兩次	文見二五八頁，圖見二四七頁

	印尼	雅加達等	一九九五		文見二五九頁，圖見二四七頁
	尼泊爾	加德滿都等	一九九五		文見二六〇頁，圖見二四八頁
	土耳其	伊斯坦堡等	一九九六		文見二二七頁，圖見一六七頁
	阿聯	杜拜	一九九六		文見二三五頁。
歐洲	俄國	聖彼得堡	一九九七		文見二二三頁，圖見一六一頁
	芬蘭	赫爾辛基	一九九七		文見二二九頁，圖見一六九頁
	瑞典	斯德哥爾摩等	一九九七		文見 六一頁，圖見 七四頁
	挪威	奧斯陸等	一九九七		文見一二七頁，圖見一六九頁
	丹麥	哥本哈根	一九九七		文見二三一頁，圖見一七一頁
	冰島	雷克雅維克等	一九九七		文見二三〇頁，圖見一七〇頁
	波蘭	華沙等	一九九八		文見 九九頁，圖見 七七頁
	捷克	布拉格等	一九九八		文見二三一頁，圖見一七二頁
	斯洛伐克	布拉迪斯拉	一九九八		文見二三二頁，圖見一七二頁
	匈牙利	布達佩斯等	一九九四，一九九八	兩次	文見二〇五頁，圖見一二二頁
	斯洛維尼亞	嘉馬	一九九五		文見 三三頁。
	德國	科隆等	一九九五		文見二二四頁，圖見一六三頁
	奧地利	維也納等	一九九五，一九九八	兩次	文見二二五頁，圖見一六六頁
	列支敦士坦	維茲	一九九五		文見二三三頁。
	瑞士	琉森等	一九九五		文見二二八頁，圖見一六九頁
	荷蘭	阿姆斯特丹	一九九四，一九九五	三次	文見一七七頁，圖見一一六頁

	比利時	布魯塞爾	一九九五		文見二三三頁，圖見一七三頁
	盧森堡	盧森堡	一九九五		文見二三四頁，圖見一七四頁
	法國	巴黎	一九九五		文見一五頁，圖見六三頁
	義大利	羅馬等	一九九五		文見一一五頁，圖見六六頁
	梵諦岡	梵諦岡	一九九五		文見一一八頁，圖見六七頁
	希臘	雅典等	一九九六		文見二二六頁，圖見一六五頁
	西班牙	馬德里	一九九五		文見二一五頁，圖見一二五頁
	葡萄牙	里斯本	一九九五		文見二一六頁，圖見一二六頁
	英國	倫敦	一九九五		文見二一一頁，圖見一二四頁
非洲	摩洛哥	拉巴特	一九九五		文見二二一頁，圖見一六一頁
	埃及	開羅等	一九九六		文見一三七頁，圖見一一三頁
	辛巴威	哈拉雷	一九九六		文見二二二頁，圖見一六〇頁
	南非	開普頓等	一九九六		文見一四七頁，圖見一一四頁
	史瓦濟蘭	墨巴本	一九九六		文見一五八頁，圖見一一五頁
	賴索托	馬塞魯	一九九六		文見二二二頁。
美洲	美國	紐約等	一九八二，一九九七	九次	文見三五頁，圖見六九頁
	加拿大	多倫多等	一九八四，一九九六	兩次	文見九〇頁，圖見一二六頁
	〃	〃	〃		文見二一七頁，圖見一五九頁
	墨西哥	墨西哥市等	一九八二		文見二一九頁，圖見一五九頁

	巴西	里約熱內盧	一九九七		文見二六三頁，圖見二四九頁
	秘魯	利馬等	一九九七		文見一八九頁，圖見一一九頁
	玻利維亞	拉巴斯	一九九七		文見二六四頁，圖見二五〇頁
	巴拉圭	亞松森	一九九七		文見二六四頁，圖見二五三頁
	阿根廷	布宜諾斯等	一九九七		文見一八五頁，圖見一一八頁
	智利	聖地牙哥	一九九七		文見二六五頁，圖見二五四頁
大洋洲	澳大利亞	雪梨等	一九六九		文見二五六頁，圖見二四四頁
	紐西蘭	威靈頓等	一九六九，一九九五	兩次	文見一九七頁，圖見一二一頁
	斐濟	蘇瓦	一九六九		文見二六〇頁。
	東加	奴古拉發	一九六九		原由紐西蘭託管，文見二六一頁
	西薩摩亞	亞畢亞	一九六九		原由紐西蘭託管，文見二六一頁

國家圖書館出版品預行編目資料

擁抱地球：五十八國名景掃描 / 徐世澤著. --
初版. -- 臺北市 :文史哲,民 88
面 ： 公分. -- (文學叢刊 ; 93)
ISBN 957-549-240-4(平裝)

1.世界地球 - 描述與遊記

719.85 88013500

文學叢刊 ㊿

擁抱地球：五十八國名景掃描

著　　者：徐　世　澤
出 版 者：文　史　哲　出　版　社
登記證字號：行政院新聞局版臺業字五三三七號
發 行 人：彭　正　雄
發 行 所：文　史　哲　出　版　社
印 刷 者：文　史　哲　出　版　社
臺北市羅斯福路一段七十二巷四號
郵政劃撥帳號：一六一八〇一七五
電話 886-2-23511028・傳眞 886-2-23965656

售價新臺幣三六〇元

中華民國八十八年九月初版

ISBN 957-549-240-4